我等不到了

余秋雨

目錄

第一部

第二部

第三部

第四部

作者說明

這很容易被看成是一本回憶錄，其實不是。真實的人生體驗在這本書裡只是一條山路，我踩踏著它走進了寓言。這些寓言籠罩著整個山頂，籠罩著很多生靈，與山腳下的熱鬧完全是另一種風景。只有在這無限的寂寞中，我才發現了中國文化的某種宿命。

我把這樣的寫作，看成是「寓言現實主義」。走上這條路，有一個過程。

七年前，我寫了記憶文學《借我一生》。沒想到，這本書出版後在很多長輩、親友、同事、鄰居間引發了一場回憶熱潮。他們不斷向我指出需要補充和更正的地方。連一些以前並不認識的讀者，也轉彎抹角地為我提供各種參考資料。

這既使我高興，又把我嚇了一跳。原來一個小小家庭的歷史，也有無限可校正的餘地。那麼，我們經常要面對的那一部部宏觀大歷史，又會怎麼樣呢？

材料越多，越會互相衝擊，互相淘汰，結果反而使內容越加簡潔。這就像散去了霧靄的山脈，筋骨終於顯現。這下我發現了，我家現代傳奇的真正起點是兩件醜事，一是我祖父吸食鴉片，二是我外公沉溺賭博。從這兩個「骯髒的起點」出發，整個敘述系統也就活躍起來。

特別需要感謝的是，一位教授對《借我一生》提出了嚴厲的批評。他說：「什麼一生，你和妻子近十多年的經歷最為驚心動魄，但你顯然顧慮太多，寫得不清不楚。」他的批評很對，中國文學不應該違避當下的切身磨難，因為這不僅僅是自己的遭遇。寫下來才發現，真實，比文學還文學。從古典，到荒誕，從平靜，到高潮，應有盡有。

但是，「真實」又是什麼？我重複地陷入了從莊子到西方現代哲學家都描述過的苦惱之中。這個世界需要真實嗎？如果需要，又需要到什麼程度？對這些問題，我都不清楚。能夠肯定的真實只有一項：很多與我有關的人，都死去了。我很想與他們說話，不管他們能不能聽到。

於是，就有了眼前這本書。有了它，《借我一生》可以不再印刷，儘管它在篇幅上還不到那本書的一半。

直到今天，我還未曾使用電腦，這部書稿仍然是用筆一字一句寫出來的。不知道今後還會有多少人保持這種書寫方式，因此我十分珍惜地把這部書稿稱為「純手工寫作之記憶文學」。

也許這個奇怪的名稱能夠引發讀者的一種想像：一個上了年紀的男人握筆支頤，想想，寫寫，塗塗，改改，抄抄，再把一頁頁手稿撕掉，又把一截截稿紙貼上……這種非常原始的「純手工寫作」，與「記憶」兩字連在一起，真是再合適不過的了。

我把這部書稿給那位批評我的教授看了，他說：「這本書已經超越任何個人記憶，構成了一種文化人格從掙扎到殞落的現代寓言，令人震撼。」這樣嗎？我還要想一想。

余秋雨
二〇一〇年一月二十日

第一部

01 歷史

一位八十多歲的韓國老人，滿臉皺紋，但身板挺直，帶著助理和翻譯，出現在我面前。

我安排他們坐下，沏上茶水。

老人立即就作自我介紹，他和我一樣，也姓余。九百年前，宋朝派出不少使臣去高麗，其中有一位姓余的，辦完事情後留了下來。到今天，余氏家族在韓國已經繁衍到兩萬四千多人，其中有不少成功人士，遍佈科學界、傳媒界、企業界。他本人，便是一個集團公司的老闆，已經退休。

九百年前？宋代？姓余的使臣？兩萬四千多個後裔？……我一聽，立即來了精神。

老人急切地問我：「我們余姓，在中國怎麼樣？」

「人數不多，但也不錯。在我比較熟悉的文化領域，就有不少代表人物。」我說這話的時候，心中想的是頂級詩人余光中、頂級小說家余華、頂級音樂家余隆，以及已故的頂級傳媒人余紀忠……這些人，都是我的好友。

「我想證實一下，我們余姓的男人，是否有兩個共同點？」老人嚴肅地問。

「哪兩個共同點？」我饒有興趣。

「一是倔。」老人說。

我想了一想，說：「對。」

「二是特別疼老婆。」老人說。

我連忙向翻譯確認：「他是說怕老婆，還是疼老婆？」

「疼。」翻譯說。

我立即輪番想了想那些同姓朋友的家庭，忍不住笑了，便大聲地回答：「對！」

老人很滿意，立即站起身來與我緊緊握手。

余姓，古代的歷史線索比較模糊，好像是從姜子牙家族裡派生出來的，秦代有了「由余」氏，後來在河南、山西一帶活動。反正歷來不是大姓，也沒有出過太大的名人。到了宋代稍有起色，除了那位出使高麗的余姓官員外，還有一位出使契丹的叫余靖。好像余姓比較善於與周邊世界交往。

到了十三世紀，余姓出現了驚人的奇蹟。

簡單說來，在當時激烈角逐的蒙古軍隊、西夏王朝和宋朝這三個方面，都十分醒目地冒出了余姓。其中兩個方面，顯然是由原來少數民族的姓氏改為余姓的。

先看看西夏王朝這邊。《元史》這樣記載著一個叫余闕的官員的來歷：

余闕，字廷心，一字天心，唐兀氏，世家河西武威。父沙喇臧卜，官廬州，遂為廬州人。

請看，這個余姓的官員是唐兀人。唐兀人其實就是西夏王朝的黨項人，來自古羌民族。西夏王朝是被成吉思汗的蒙古軍隊毀滅的，滅得很徹底，沒有多少人活下來。據《西夏書事》記載：「免者百無一、二，白骨蔽野，數千里幾成赤地。」也就是說，一百個唐兀人只能活下來一個，其他九十九個都死了。這活下來的一個，改姓了余。

奇怪的是，打敗唐兀人的蒙古人中，也冒出了一批姓余的人，而且明確表示是從蒙古姓改過來的。一九八二年在四川西昌發現的《余氏族譜》上有這樣兩句詩：「鐵木改作余姓家，一家生出萬萬家。」還說：

吾余氏祖奇渥溫，胡人也，入華夏而起於朔漠，初號蒙古，鐵木真出矣。

唐兀人改姓余，和蒙古人改姓余，兩者有什麼關係？有人認為唐兀人中極少數的倖存者是先被戰勝者改為鐵木，後來再改為余姓的。但是，也有學者不同意這種猜測。對此，我的朋友、西夏史專家李范文教授說，余氏的形成和流脈，是西域歷史的一個重大難題，還有待進一步調查、研究。

只不過，有一點已經可以肯定，我們余姓中極為重要的一脈，本來不姓余，也不是漢人，而是由古代羌人繁衍而來。他們從驚天血火中僥倖爬出，改名換姓，頑強生存。他們說不出清晰的家族譜系，卻能「一家生出萬萬家」，有著無與倫比的生命力。據調查，現在中國各地余姓的絕大部分，都與這一個脈絡有關。而且，就精神氣質而言，今天的余姓朋友，凡是身心比較堅毅、無懼長途跋涉的，可能都與古代羌人脫不了干係。

十三世紀那些年月，大家還沒有搞清余姓和蒙古人的血緣關係，卻有一個名字把蒙古人嚇了一跳，那就是抗擊蒙古軍隊最有力的將軍，叫余玠。

余玠是在一二四二年出任抗蒙總指揮的，具體職位是四川制置使，兼知重慶府。當時，半個世界都在蒙古馬隊的踩踏下顫抖，但是由於余玠的高明策劃，合川釣魚城居然像一座鐵鑄的孤島，保持了整整三十六年的不屈態勢。結果，蒙古大汗蒙哥死於釣魚城下，改變了蒙古軍隊的戰略方向，由此也改變了世界歷史。只是余玠本人未得善終，才指揮了幾年就死於他人的誣陷。

余玠劃下了宋朝在軍事上最動人的一筆，儘管這一筆已經無救於宋。元朝終於取代了宋朝。

但是，誰能想得到呢，九十幾年後元朝也走向了滅亡，而為元朝劃下最動人一筆的將軍，也姓余。儘管他的這一筆，也已經無救於元。

為元朝劃上這一筆的將軍，就是上文提到的那個由唐兀人演變而來的余闕。在元朝岌岌可危、農民起義軍圍攻安慶並最後破城的時候，作為守將的他自刎墜井而死，妻子相與投井。與他一起赴死的大批官員中，記有姓名的就有十八人。安慶城的市民知道余闕的死訊後，紛紛搬出樓梯爬到已經破城後的城牆上，說要與此城共存亡，誓不投降。當時城牆已被焚燒，衝入烈焰自願燒死的市民多達一千餘人，實在是夠壯烈的。

有記載稱，余闕死後沒留下後代。但是，當時為余闕作傳的著名學者宋濂訪問了余闕的門人汪河，知道余闕還留有一個幼子叫余淵。

余淵知道自己的父親是為捍衛元朝而死的，但他仍然接受了明朝，還在明朝中過舉人。根據幾部《余氏宗譜》記載的線索調查，余淵的後代也是強勁繁衍，至今在安徽合肥大約有五千多人，在桐城有一千多人。四川有一萬多人也很可能是余淵的嫡傳，但還無法確證。

……

余姓，實在讓我暈眩了。早的不說，就在宋代那個去了高麗的使臣之後，就有唐兀人的余、鐵木氏的余、抗擊蒙古人最堅決的余、最後為蒙古人政權犧牲得最壯烈的余……在十三世紀的馬蹄血海中，為什麼一切對立面的終端都姓余？為什麼最後一面破殘的軍旗上都寫著一個「余」？為什麼在戰事平息後一切邀功論賞、榮華富貴的名單中卻又找不到余？

憑一種難以表述的直覺，我猜我家應該是余闕、余淵之後，是從安徽流徙到浙江來的。那也就是說，我們的祖先是發端於古代羌族的唐兀人。即使僅僅從甘肅武威一帶的蹤跡算起，從他們到我們，一路生死經歷，也真稱得上動天地、泣鬼神。

但是，細細想來，這脈余姓幾百年來全是被動生存。災難，災難，永遠是災難。我的祖先面對一個個撲面而來的災難，先是盡自己的能力辨別道義，然後就忠於職守。當然余家也會有一些不肖子孫在一代代的血火沙場上成為敗類，但他們好像並沒有使自己的家族整個沉淪。因此，歷史上很難找到哪一支驃匪悍盜，以「余」為號。記得十七年前我在東南亞遊歷時，曾有一位余姓老者向我出示一本手抄家譜，家譜扉頁上用比較生硬的毛筆字寫了這樣四句詩：

余孫嘯荒沙，
財帛奉老家。
閉戶逐不肖，
唯仁走天下。

可以猜想，也許是余家的一個孫兒在荒漠上呼嘯成勢，獲得不義之財送回老家，但他的祖父把大門關上了，還在門內教訓了他兩句。詩就是這位祖父寫的，寫得比較粗糙，可見是一位鄉間的平民老漢。

我想，在余家的歷史上，這樣的老漢可能不止一位。他們都是災難中的生存者，因此絕不給別人增添災難。

余氏家譜我看到過很多，每次翻閱，都能從密密麻麻的長輩姓名間看到他們在接連不斷的災難間逃奔、掙扎、奮鬥、苦熬的身影。這個清清朗朗地頂著一個「人」字的姓氏，無法想像為什麼自己的一部部家譜全都變成了災難史。

今後還會這樣嗎？可能還會這樣。這是余家的命。

02 還是歷史

余家流徙到浙江有好幾批，時間先後不一，人數都不大，我在這裡不作仔細考證了。只說落腳我家鄉的那一批，分成了兩支。一支在山上種茶，一支在山下養蠶。

簡單說來，我的祖輩，安安靜靜地在青山綠水間向外面提供著茶葉和絲綢。

他們怎麼會想到，正是他們提供的茶葉和絲綢，給中國帶來了災禍。

原因是，歐美從十九世紀初期開始，對茶葉和絲綢的需求大量增加。時間一長，他們發現，為了茶葉和絲綢，他們每年要支付中國一百萬兩至四百萬兩白銀，也就是產生了巨額貿易逆差。這個情景，與他們現在對「中國製造」的抱怨如出一轍：明明是他們自己的需求，卻要懲罰中國。

為了取得貿易平衡，英國商團向中國傾銷鴉片，美國商人也參與其間。結果，貿易逆差快速扭轉。

鴉片嚴重地禍害了中國人，毒癮籠罩九州，到處煙燈閃閃，大批有為之士再也無力從事一切正常勞作，一個個面黃肌瘦，淪為廢物。後來連多數官員也在吸食，最後都一一家破人亡。這是西方留給中國的一頁人權記錄。

奄奄一息的中華民族也曾試圖反抗，因此引來了第一次鴉片戰爭、第二次鴉片戰爭和其他許多侵華戰爭。結果是，中國一次次慘遭失敗，一次次割地賠款。

鴉片戰爭的結果是列強勢力的進入，帶來了上海的畸形繁榮。我家鄉離上海只隔了一個海灣，很多走投無路的家鄉人都想到上海闖一條生路。

有一個統計，十九世紀後期，上海的人口增長，是世界平均增長數的整整十倍。這個龐大人群中的不少首領，與我家鄉有一點關係。

例如，一個在十四歲就闖蕩上海的男孩子叫虞洽卿，就是我們家鄉人。他後來出任了上海總商會會長、全國工商協會會長。此外，上海幫會首領黃金榮、張嘯林，上海現代娛樂業創始人黃楚九，算起來也都是我們家鄉人。

我的曾祖父余鶴鳴先生和曾外祖父朱乾利先生，沒有他們那麼出名，卻與他們基本同齡。與他們一樣，也擠到了奔赴上海的人流之中。

余、朱兩家只隔半華里，曾祖父和曾外祖父從小就認識。他們是一起坐木帆船渡海灣來上海的，從慈溪的庵東出發，到上海的金山衛上岸。

那天兩人是結伴步行去庵東的，各自背著一個不小的藍布包袱。包袱裡除了很少幾件替換衣服外，還塞了不少茶葉和絲綢，是準備用來換食換錢的。這是當時家鄉出門人的習慣。

兩人互相瞟了一眼就笑了，從包袱的大小可以判斷，他們所帶的茶葉和絲綢，在數量上差不多。

曾祖父稍胖，曾外祖父略瘦，個子一樣高。他們走得很快，大概走到勝山頭，曾祖父哼起了這裡流行的灘簧調。

邋遢包袱重九斤，
出門就是吳石嶺。

曾外祖父一笑，含糊地跟了下面兩句：

千難萬難都是難，
一步一步要小心。

曾祖父和曾外祖父去了上海二十年，一年比一年發達，終於都成了大老闆。他們的發家史，可說是乾脆俐落。曾祖父余鶴鳴先生與別人一起開了一家不小的煙草公司，曾外祖父朱乾利先生則買下了一家很大的染料公司，這已經使他們進入富商的行列。一九一五年，由於第一次世界大戰歐洲染料停運，曾外祖父趁機大大發了一筆意外之財，成了大富商。十年後，一九二五年，上海市民反抗日本、英國暴行的「五卅愛國運動」連帶出了「不吸外國香煙」的熱潮，給曾祖父的煙草公司帶來了巨大商機。

余、朱兩家，都成了上海十里洋場中真正的「闊佬」。花園洋房、私家汽車、銀行帳戶、大批僕役……一切好像都是從天下掉下來的，余、朱兩家對此有一種強烈的不安全感。

克服這種不安全感的方法，就是強化對兒子的教育。當時上海的富人，都看不起貴族背景，認為那只是北京、天津的破衫遺老在翻已經發霉的老家譜。他們自己的家譜是新的，正裝在兒子的書包裡，讓兒子一年年去編寫。祖父和外公不約而同地考上了當時極難考的啟慧學校，成了同學。

祖父和外公在走進學校的第一天就互相認出來了，兩家父母經常餐聚，他們多次見過。一星期後，他們又結交了一位叫余鴻文的同學，細說起來還是祖父的遠房堂弟。半個月後又多了一位一起玩的鄰班同學叫吳瑟亞，他父親是一位洋行買辦。

外公和余鴻文經常去虹口的一家「復禮書院」，能夠見到一些穿著長衫馬褂前來演講的國學名家。祖父和吳瑟亞偏向西學，喜歡去徐家匯的一家「東印度總會」。

不久，曾祖父因病去世。一年後，曾外祖父也走了。那年月，多數人的壽命都不長。兩個葬禮辦得非常隆重。余、朱兩家，就此進入了祖父和外公的時代。只可惜，祖父和外公為了當家，都把學業中斷了。中斷了國學，中斷了西學，一頭扎進了當時亞洲最繁華的街市，剛操步，便昂首。

這兩個富家子弟，都風度翩翩，堪稱典型的「海派俊彥」。但是當他們接手了企業，僅僅十年，兩家幾乎同時敗落。在上海，這個過程之快，甚至來不及細加描述。

像一切敗落一樣，最後一關是人格災難。正是在這一點上，祖父首先崩潰。

他，抽上了鴉片。

鴉片肯定是在東印度總會抽上的。外公和余鴻文先生一直認為，這是那個總會的兩個英國經理故意設下的一個圈套，為了報復曾祖父在五卅運動中令他們遭受的虧損。但是，這種說法還缺少證據。

一切高明的報復都缺少證據，何況，這件事情對他們來說實在太小。說大了，鴉片是對茶葉的報復；再說大一點，毒品是對快樂的報復。人類的一切災難都因報復而來，只是人們找不到其間的因果線索。一個人，從出生的那一天開始，就已經置身在密密麻麻的報復圖譜中。

天地間再小的報復，落到一個具體的人身上，都可能是滅頂之災。而且，滅頂的，不止是自己。

祖父上癮後，不敢到家裡抽。他知道這事對不起自己的妻子和孩子，因此一直隱瞞著，不露任何痕跡。

祖父不僅把家吸窮了，而且把身體吸壞了，但他已經不能自拔。他變賣和典當了家裡的大量財物，而他那時已經有了七個孩子。

每天下午，祖父避開家人的耳目偷偷摸摸出門。他去的地方既明確又不明確，因為當時上海的鴉片館數不勝數，僅法租界就有一萬多個。

深夜回來，祖母還沒有睡，祖父總會從皮包裡拿出七八本書交給祖母，說：「收在書櫃裡，以後孩子們要讀。」

這事一直讓祖母感到奇怪，孩子們不都在學校裡讀書嗎，為什麼還要在書櫃裡存放以後要讀的書？

原來，祖父已經看到自己的末日。他算來算去，被自己吸剩下來的家產，今後沒法讓七個孩子都上學了，那就只能讓他們去做工，回到家裡還有一櫃書可讀。但是，吸到後來，他已經舉債累累，斷定自己走後，妻子根本養不活這麼多孩子，只能送人，因此不再買書。

「你已經一個多月沒買書了。」那天祖母對祖父說。

「讀書也沒用。」祖父說：「大難一來書作墳，亂中添亂是儒生。」

祖母疑惑地看著他，不知道他怎麼了。

03 還債

一九三七年的春節，我未來的外公朱承海先生向祖父、祖母拜年。外公是個熱鬧人，還帶來了自家的幾個親戚。其中一位，大家叫她「海姐」。海姐一進門，就伸手挽住了祖母的手臂，親親熱熱叫了聲「阿嫂」。

祖母平常是受不了這種親熱的，但今天很高興，沒有讓開海姐的手。海姐是上海市民中那種喜歡附著另一個女人的耳朵講悄悄話的人。她拉祖母到二樓的一個小客廳，突然反身把門關上，扣住，把祖母按在椅子上，隨即輕輕問了一句：「阿嫂，你先生每天晚上是什麼時辰回家的？」

這句聽起來很普通的話，被她神秘兮兮的動作一襯托，祖母的臉唰的一下就紅了。她從來沒有懷疑過丈夫。

海姐知道祖母誤會了，立即解釋道：「放心，不是軋姘頭。是這個——」她伸出右手，翹起拇指和小指，把中間三個指頭彎下，再把大拇指移到嘴邊。這是對鴉片煙槍的摹擬。

祖母稍稍鬆了口氣，卻又坐在那裡發怔。

海姐細聲地在一旁勸慰，祖母聽不進。海姐終於要走了，祖母疲乏地站起身來，送到門口。

是的，丈夫不僅說了「大難一來書作墳」的話，而且身體也變得越來越奇怪了。似乎成天沒精打采，脾氣變得異常柔順，眼角裡卻又會閃出一些特別的光亮。晚上回家，身上有一股幽幽的氣息，不香，不臭，不清，不膩，有點像鄉下道士煉丹爐邊發出的味道。

祖母沒想多久，就作出了確定無疑的判斷。她在晚飯時想對丈夫開口動問，看到滿桌孩子的眼睛又停止了。丈夫放下飯碗就出了門，祖母追出去，早已不見蹤影。

祖母把家事全都托給女傭陳媽，自己一家家找去，想把丈夫拉回家。她知道找到也沒用，但還是找。天下妻子對丈夫的尋找都是這樣，要找了，已經沒用了。追上了，也不是自己的了。

祖母一直沒有追上祖父，而是祖父實在跑不動了，自己倒下。

祖父臨終前兩眼直直地看著祖母，牽一牽嘴角露出笑意，囁嚅道：「本來想叫孩子們多讀點書，出一個讀書人。我這麼走，不說讀書，連養活也難……」

祖母擦了一下眼淚，按著祖父的手說：「會養活，會讀書。」

祖父輕輕地搖了搖頭，又囁嚅道：「天天都在防災難，沒想到，災難出在我身上……」沒說完，他頭一歪，走了。

周圍的人都在猜測，帶著七個孩子的祖母會做什麼。

出乎大家意料，祖母做的第一件事是賣房還債。

祖父在最後的日子裡已經向祖母一一交代過家裡的賬務，自己欠了哪些人債，哪些人欠了自己債。祖母一筆一筆記住了。按照當時闖蕩者的習慣，這些債，大多是心債，沒有憑據。

那天晚上祖母把家裡的女傭陳媽叫到房間，感謝她多年的照顧，說明今後無法再把她留在家裡，然後，就細細地打聽窮人的生活方式。陳媽早就看清這個家庭的困境，卻沒有想到祖母會作出賣房還債的決定。

「這房子賣了，不能全還債。選一選，非還不可的還了，有些債可以拖一拖。孩子那麼多，又那麼小……」陳媽像貼心老姐妹似的與祖母商量。

「這沒法選。」祖母說，「還兩筆，拖兩筆，等於一筆也沒有還。」

陳媽歎了一口氣，說：「老爺前些年借給別人的錢也要去催一催。那些人也太沒有良心了，明明知道這一家子已經到了這個地步，這麼多天來也不來還！」

「有兩個到靈堂來了。」祖母說。

「那就去找！」陳媽忿忿地說：「領著最小的兩個，志杏和志士，上門去要，我也陪著。」

祖母想了一想，說：「沒憑沒據，上門要債，他們一尷尬反而會把賬全賴了。這樣吧，我領著孩子上門去向他們一一討教賣房事宜。這比較自然，順便看看他們到底有沒有還債的心思。你就不要去了。」

從第二天開始，祖母就領著兩個最小的孩子，在三天之內「討教」了五個人。結果比祖母想像的還要糟糕：他們誰也沒有提到那些賬。

一雙大人的腳，兩雙小人的腳，就這樣在上海的街道上走了整整三天。

很快，原來在英租界戈登路的房子賣掉了，去償還祖父生前欠下的全部債務。還債的事，祖母叫十八歲的大兒子和十五歲的二兒子一起去完成。大兒子叫余志雲，是我從來沒有見過面的大伯伯；二兒子叫余志敬，那就是我的父親，他後來習慣於「以字代名」，叫余學文。

兩兄弟把一疊疊錢用牛皮紙包好後放在書包裡，一家家去還債。很奇怪，好幾家都在準備搬家，房間裡一片凌亂。搬家最需要用錢，一見有人來還債都高興地說是「及時雨」。只有最後到一家鴉片煙館老闆家還債時，那個黑黑瘦瘦的老闆不說一句話，也並不數錢，只是用手按了按紙包，便翻開帳簿，用毛筆劃掉了欠債。

兄弟倆正準備離開，忽聽得屋子角落傳出一個女人的聲音：「慢慢交走！」

隨著聲音，一個濃妝豔抹的高䠷女子趿著繡花拖鞋從背光處走了出來。她嘴上叼著一支香煙，懶懶地走到兄弟倆跟前後舉手把香煙從嘴裡取下。她的手指又長又細，塗著指甲油。
她問志雲：「聽你剛才說，這煙債是你父親欠下的。他自己為什麼不來？」
志雲懶得理她，低頭輕輕地說：「他剛過世。」
女人頓了頓，問：「他過世，與鴉片有關嗎？」
志雲點點頭。
女人停頓的時間更長了。
終於她又問：「那你們為什麼急著來還鴉片債？」
志雲不語。弟弟志敬搶著說：「媽媽說了，好債壞債都是債……」
女人又問：「這麼多錢是從哪裡來的？」
志雲想拉住志敬不要說，但志敬還是說出了口：「我們把房子賣了！」
女人又緊接著問：「你們有兄弟姐妹幾個？」
志敬說：「七個。」
女人走到桌子跟前，看了黑黑瘦瘦的老闆一眼，說：「這事我做主了。」順手就把那包錢拿起來，塞在志雲手上。
志雲、志敬大吃一驚，連忙把錢包放回桌上，說：「這不行，這不行……」
女人又一次把錢包塞給志雲，說：「回去告訴你們媽媽，我敬佩她這樣的女人！」

志雲畢竟懂事，拉著志敬向著女人深深地鞠了一躬，說：「阿姨，你退還給我們這筆錢，等於救了我們家。我想請教你家老闆的尊姓大名，回去好向媽媽稟報。」

女人笑了，說：「他叫吳聊，一聽就是假名。真名我也可以偷偷告訴你，叫吳瑟亞，琴瑟的瑟，亞洲的亞。」

04 墓碑

志雲、志敬回家後問祖母，知道不知道一個叫吳瑟亞的鴉片館老闆。祖母覺得名字有點耳熟，但一聽是鴉片館老闆就沒好臉色，說：「不知道。」

志雲隨即拿出那包錢，把吳家老闆娘的表情、動作、語言詳細說了一遍。祖母聽完，開始發呆。

祖母在閘北地區的一個貧民窟裡租了一間小房子，全家大小都擠在裡邊，晚上一起打地鋪。

到了閘北，志雲、志敬才明白，為什麼他們去還債時好幾家都在準備搬家。家難，撞上了國難。

閘北，已經是一個戰場。就在祖父去世的前幾天，日本軍隊從幾個方面向上海發動了進攻。與閘北隔了一條河的南岸，有兩個受英國、法國、美國控制的「租界」，日本軍隊暫時還不敢侵入，成了一個「孤島」。前些天志雲、志敬看到的那些搬家人家，都是從租界外面向租界裡面搬。余家本來住在英租界，這下反倒搬到租界外面的閘北來了，在當時完全是逆向行動。

閘北地區的人流越來越大，主要是上海周邊幾個省逃避戰亂的難民。不巧安徽淮河又發生水災，大批災民湧來，壅塞在街道、弄堂、屋前屋後的每一個角落，連走路都很困難了。

正在這時，原來家裡的女傭陳媽找來了。她告訴祖母，自己正在附近的一個難民收容所工作。收容所目前缺少人手，陳媽知道祖母處理麻煩事的能力，因此問祖母，願不願意參加。

祖母幾乎沒有猶豫就答應了。那些日子大家都忙著抗日，她總覺得自己也要做點什麼。這份工作有一點微薄的薪水，可以勉強地養家餬口。

大兒子志雲在另一個難民收容所裡做事。他受過很好的教育，先前在一家佛教精舍擔任文書，戰爭爆發後他在難民收容所裡辦了一個小學，自任校長，每天回家都疲憊不堪。

志雲病了幾次，醫生說，都是從災民中傳染的。志雲問醫生有什麼方法防治，醫生說，這年景也找不到什麼藥，多吃大蒜頭吧。

有一天，志敬急急跑到祖母面前，興奮地說：難民收容所新來了一位負責人，竟然是吳阿姨。

「哪個吳阿姨？」祖母問。

「就是那個退錢的鴉片館老闆娘！」志敬說。

祖母剎時停下了手上的活。那包錢，實實在在幫助余家渡過了難關。她本想好好去道謝，卻又不願意面對一個鴉片館的老闆娘。好幾次，她重複地聽著兩個兒子對這個老闆娘的描述：濃妝豔抹，高䠷個子，繡花拖鞋，細長的手指上塗著指甲油……

她急急地拍了一下志敬的肩膀說：「快，領路，我要見她！」

祖母見到這位女人時上下打量了一下，發現她已經完全沒有濃妝豔抹，只是嘴上還叼著香煙。祖母對她誠懇地笑著，又指了指志敬，說：「吳太太，我是他的母親。上次的事，真該好好謝謝你了！」

「是余太太啊，」吳阿姨上前一步，對祖母說：「其實是你開導了我。這是阿堅，我的兒子，我想讓他與你的兒子多交往！」說著她把一個蹲在地上玩的男孩子拉了起來。

在回家的路上，祖母歎了一口氣，對志敬說：「打仗是壞事，卻讓我、陳媽、吳阿姨，還有很多女人，都變成了另外一種人。」

志敬說：「剛才阿堅說了，那天我們去了以後，他們家關了鴉片館。」

大蒜畢竟只是大蒜，防疫的功能有限。

三年後，大兒子志雲終於從他每天長時間近距離接觸的難民、災民中傳染了肺結核。這在當時，是絕症。

志雲很快就去世了。由於家裡房子太小，完全無法隔離，他的病已經傳給了三弟志夏和四弟志紀，他們也都在一年之內走了。

又過了一年，女兒志梅得了一種說不清名目的怪病，人急劇消瘦，而且連日高燒不退。醫生說，需要用美國生產的一種藥，但這藥跑遍上海的藥房和醫院都買不到，最後也只能放棄。到一九四三年，祖母的七個兒女只剩下了三個：志敬、志杏、志士。

那是第二次世界大戰中最艱苦的年月，中國的抗日戰爭也已經打得筋疲力盡。死人，在那個時候變得稀鬆平常。到處都是紙幡飄飄，哭聲連連。祖母的嗓子哭啞了，卻很少有人聽見。

祖母不知道，她現在感受到的這場災難，只是十三世紀以來余家前輩生死掙扎的延續。

一天，祖母到菜場為難民收容所採購食品，一個熟悉的身影擋在了她的眼前。祖母一楞：這不是海姐嗎？

祖母對她，有點害怕。

祖母站在菜場的過道上一時不知言動，卻眼圈泛紅。海姐，自從那天你拉我到二樓小客廳裡說了鴉片的事情之後，你知道余家發生了什麼嗎？

海姐一把擁住了祖母的臂膀，還是親親熱熱地叫「阿嫂」。這一聲「阿嫂」，叫得祖母頭皮發麻。

「阿嫂，你家的事，我全都知道。四個孩子為什麼走得那麼快？給他們的父親抬轎子去啦。不多不少，正好四個。所以，你要趕快給你先生好好做個墳。墳做好了，他也就不必再坐轎子了。」

祖父去世後立即運回家鄉安葬了，但是，墳做得比較馬虎，這倒是真的。家鄉已被日本人佔領，靈柩運回去時一路麻煩重重，能安葬已經不容易了。現在聽海姐一說，祖母半信半疑，但無論如何，把家鄉的墳重新做一做，是應該的。

要重新做墳，立即想到的是墓碑。書寫墓碑最好的人選，遠近都知道，是後來成為我外公的朱承海先生。朱家應該還很有錢，但按照祖母萬事不求人的脾氣，再困難時也沒有想過要去叩求「朱門」，因此差點兒想不起來了。這時猛然記起，又知道海姐是他的親戚，就問：「朱先生怎麼樣了？」

海姐一笑，說：「他呀，也氣數將盡！」

祖母問：「怎麼回事？」

海姐說：「像你老公一樣，陷到上海的一個黑洞裡去了。」

祖母問：「也抽上鴉片了？」

海姐說：「不，他是迷上了跑狗場的跑狗。」

祖母鬆了一口氣：「哦，那還好。」

海姐說：「什麼還好，比抽鴉片還上癮，手上的五家廠已經毀了三家半。怎麼，你有事找他？」

祖母說：「請他寫墓碑。」

海姐說：「這好辦，我告訴他，他一定答應。」

祖母說：「不，這不是小事，還得我自己上門去求他。」

過了幾天，祖母叫小兒子志士陪著去朱家，志士竟然明確拒絕。志士現在已經十五歲，上了中學。他與姐姐志杏最要好，志杏為了減輕家庭負擔，前些年已經虛報年齡到一家紡織廠做了工人。志士上中學的費用，都是志杏供給的。志杏聽母親說過，父親臨終前曾說希望余家出一個讀書人。現在家裡最有文化的大哥去世了，志杏決心讓小弟弟把書讀好。志杏在工廠裡受到社會反抗力量的強烈影響，年紀輕輕就成了罷工和示威的積極分子，很快又成了組織者。後來她顯然已經參加了共產黨的地下組織，而且還是一個不小的首領。這一來，她對弟弟上學的目標有了更明確的設定，希望他成為一個「革命知識分子」，到共產黨的「革命聖地」延安去。

志士在姐姐的影響下，已經開始閱讀革命書籍。但他在文化上受大哥志雲和堂叔余鴻文的薰染很深，更喜歡的是《紅樓夢》。這種喜歡他只是藏在心底的，而在社會觀念上，則越來越明確地追求公平、正義、進步、反抗。因此，他完全不能接受朱承海先生這種天天迷溺於跑狗場的富家士紳，認為他們是國破家亡中的「寄生蟲」。即使只是見見面，他也不願意。

他知道，這樣激烈的觀點不能講給自己的母親聽，因此換了一種說法來勸阻。他說：「這個人與爸爸，算得上是兩代世交。但是，除了在爸爸出殯的時候送了一副輓聯，後來就百事不問了，這算什麼人哪？墓碑不能讓他寫，你更不要親自上門！」

祖母聽了，深深吐了一口氣，說：「他不是一個勢利人，而是一個糊塗人。糊塗人不知人情世故，你不求他，他想不到你。」

祖母覺得，憑著兩代交情，墓碑還是要請他寫。但又擔心志士心中有氣，到了人家面前也會露出臉色，就不要他去了，讓志敬陪去。

朱家在滬西安定盤路，口語中叫憶定盤路，現在叫江蘇路。當時，這是富人的聚居區。志敬剛剛在鐵門環上輕輕叩了兩下，門就開了，好像早有準備。我未來的外公朱承海先生快速從書房來到門廳，滿臉是一種像做錯了事一樣的笑容。

有哪個人做了一大串讓人生氣的窩囊事惹得什麼人都想斥責他但一見他真誠的眼神就會把氣消了一大半的嗎？有哪個人已經兩鬢斑白滿臉皺紋卻又能不知偽飾地咧嘴而笑而且笑出一個既天真又無知的童年的嗎？如果有，那個人現在正站在祖母和志敬面前。

祖母一看就明白，今天這裡的氣氛，完全是海姐造成的。她昨天就派了一個傭人來通報了，什麼人將來登門拜訪。

對於余家的事，外公知道得很少。不是因為糊塗，而是他被一場心理風暴擊倒了。

他在啟慧學校與余鴻文一起，信奉國學救國，甚至從學術到服飾都在警惕「漢奸嫌疑」。但是，事實給他開了一個大玩笑。他極為尊重的國學大師羅振玉和另一位國學水準很高的官員鄭孝胥，居然都做了漢奸。他認識的一個長期研究古代謀略的長鬍學者，居然用文言文寫了一本《支那之詐》在日本出版，連「中國」也不想提了。在他自己龐大的朋友圈中，對國學最精通的，是清代碩儒梁章鉅的孫子梁鴻志，他經常到畢勳路梁公館的「三十三宋齋」請教。這個齋名就讓人只敢仰望宋代，不敢多提明、清的事。但是，上海淪陷後，外公再到梁公館，說已經搬到日租界去了，梁鴻志結交了日本軍方。

外公發覺自己錯了，卻不知道錯在哪裡。他從根子上不喜歡西學，現在又失去了固守國學的理由，心中立即變成了荒原。

他一次次喝醉了酒，痛罵漢奸又痛罵自己，罵過後，走向了跑狗場。那跑狗場，離原來梁鴻志的「三十三宋齋」只隔了一條路。

在跑狗場，他總是輸。唯一的辦法，是賤賣家族企業。他當然不願意說「賤賣」，甚至連一個「賣」字都不能說，只說「盤」。這次他又搓著手對身邊一個企業主說：「我把兆豐公園後門那家廠盤給你，今後不管贏錢輸錢，都算在那個賬裡了。贏夠了，把廠還我；輸光了，把廠給你。」

過不了一年，兆豐公園後門的那家廠完全不屬於朱家了。丟了一家再把另一家「盤」出去，海姐說原來擁有的五家廠已經毀了三家半，其實第四家的產權轉移文書也已經簽過，海姐不知道。

外公有很多酒肉朋友，主要是同鄉。同鄉的概念，以餘姚、慈溪、龍山為主，東至鎮海，西至紹興，再遠一點，就不算了。把同鄉當作自己生存的第一群落，這是當時上海的風尚。連已經出了大名的虞洽卿、黃金榮、張嘯林、黃楚九等等，也不會拒絕與同鄉一起喝酒。那年張嘯林做了漢奸，相傳即將出任偽浙江省省長，朱承海先生就把同鄉們召集起來，幾十人簽名寫了一封絕交信，放在一只砸破的酒罈裡，叫人抬到張嘯林家的門口。絕交信的最後幾句話是朱承海先生自己想出來的：

吾等與爾絕交，實乃家鄉與爾斷情。故園山水，桑梓雞豕，皆鄙爾唾爾，啄爾逐爾。倘若奸公讀此函而發怒，下令緝捕，則不必四處查訪，吾等於滬西跑狗場左廳大包廂靜候。

當然，張嘯林並沒有下令到跑狗場來緝捕，他成天提心吊膽，後來確實也被中國政府的諜報人員暗殺了。只不過，朱承海先生自從策劃了這件事之後，覺得自己的民族氣節問題已經解決，就更加安心地跑狗、喝酒了。偶爾，喝到一定程度，他還會冒出半句豪言壯語：「我連漢奸都不怕，難道……」

「難道」什麼呢？他永遠無法把這句話講完。

此刻祖母看著他友善而尷尬的表情，笑一笑，直接提出了自己的請求。她拍了拍志敬的肩說：「他父親的墳，想在鄉下認真做一做，麻煩你為他寫一個墓碑。」

朱承海先生一聽，心中的石頭落了地，立即就說：「阿哥的碑，我當然要寫。這不麻煩，舉手之勞。不，不能說舉手之勞，我會恭恭敬敬地寫，一遍遍寫到滿意為止，你放心。」

說著，他向門外揮了一下手，招進來一個托著木盤的僕人，木盤上，有幾疊塞得滿滿的紅紙袋。顯然，這是早就準備好的。

「阿哥家的事，我一直沒有盡力。又要過年了，我給孩子們準備了一點壓歲錢。這是給孩子們的，大人不能拒絕。」

他邊說邊把臉轉向志敬，又說：「我記得阿哥下世時你們兄弟姐妹有七個，我準備了七份，你代我去分一分。」

一看紅紙袋的厚度，就知道這不僅僅是壓歲錢，是他對余家的一種援助。這些錢，可能與他剛剛簽過產權轉移書的第四家工廠有關。

志敬束手，不知接還是不接。祖母慢慢抬起手，從木盤中取下三份交給志敬，然後又把木盤搬到朱承海先生面前，說：「死了四個，只剩下三個了。」

朱承海先生一震，後退一步，眼睛直直地看著祖母：「這，怎麼可能，怎麼可能……」

祖母說：「我代表三個孩子，謝謝你這麼厚重的壓歲錢。墓碑寫好後，我叫志敬來取。十天，夠嗎？」

「夠了，夠了。我很快就能寫好。志敬，你明天下午就來取吧。」

05 朱家小姐

第二天下午，志敬到安定盤路的朱家叩門，開門的是一位小姐。她的容貌，讓志敬吃了一驚，連講話都不利索了。

眼前這個小姐，眉眼間埋藏著浙江山水，而神情又分明被大都市描繪。這對志敬而言，有雙重的親切感。他突然想起，遠房堂叔余鴻文曾經說過，他一生所見好女子，以朱家二小姐為最。那位海姐也說過，朱家家境日衰，最大的財富是兩個女兒。兩個都好看，但論身材，大小姐更勝，而論品級，二小姐更高。

志敬想，眼前的，一定是二小姐了。

「你是余家兄弟吧？」小姐主動開口了：「我爸爸的字寫好了，你請進來，坐下喝口茶，我馬上去叫爸爸。」

志敬在客廳坐下，小姐就招呼女傭上茶，然後又很隨意地說了一句：「我最崇拜你母親。」

「你認識我媽媽？」志敬奇怪地問。

「不認識，但她的事情我全知道。一個女人，無依無靠，賣房還清了丈夫欠下的債，用自己的力量養育那麼多孩子，而且都養得那麼登樣。」

小姐在說「都養得那麼登樣」的時候，還用手向著志敬比劃了一下，使志敬很不好意思。

「你是二小姐吧？」志敬問。

「我是大小姐，二小姐是我妹妹。」她笑著問志敬：「你是不是也聽說了，二小姐更漂亮？」

志敬哪裡聽過這麼爽直的小姐談吐，連忙解釋：「沒有，沒有，我是看你年輕……」

正說著，朱承海先生從書房出來了，手裡拿著一疊摺好的宣紙，遞給志敬。

志敬站起身來，叫聲「朱叔」，恭敬接過。

朱承海先生說：「除了主碑外，我還寫了兩翼副碑。告訴你母親，要請好一點的石匠來鑿。如果做不好，我對不起你父親。」

志敬連忙答應，一再道謝。

就在這時，聽到內門傳出一陣笑鬧聲，又是大小姐。她說：「來，二小姐在這裡！既然你點到了她，就讓你看看！誰叫我崇拜你母親呢？」

二小姐顯然在掙扎，傳來輕輕的聲音：「別這樣，姐，不要拉……」

志敬終於看到二小姐了。個子比大小姐略小，滿臉因害羞漲得通紅，眼睛完全不敢正視客人。志敬一看就明白了，海姐說二小姐品級更高，是指書卷氣。有她在邊上靜靜一站，大小姐就顯得有點過於熱鬧，哪怕只是稍稍。

朱承海先生對著大小姐說：「客人在這兒呢，不要嘩啦嘩啦。」

大小姐笑著聲辯：「爸，我什麼也沒有說啊，怎麼變成嘩啦嘩啦？」

志敬給二小姐打了個招呼：「二小姐。」

二小姐這才抬起頭來看了志敬一眼，輕輕地點頭一笑，但目光快速移開了。她躲在大小姐身後，一起送志敬出門。

余鴻文先生一手握著酒杯，一手點著朱承海先生說：「你家大小姐，算是許對了人家。王家的兩家紗廠去年突然停產，廠房都改作了倉庫，囤積了不少棉布和大米，到今年賺了十倍！這真叫悶聲大發財啊。」

朱承海先生歎了一口氣，說：「哪一天，一倉庫的東西都不值錢了，這可怎麼辦？」

余鴻文先生說：「不管怎麼說，有了這個親家，錢財上總算有依靠了。」

朱承海先生說：「嫁女兒不為這個。為這個就對不起孩子了。」

余鴻文先生問：「那你說為了什麼？」

朱承海先生說：「人品。找一個人品好的，苦一點也能過一輩子。幸虧王家的少爺人品不錯，老實，不刁。」

「要說人品，我們佘家堂弟的幾個孩子倒是都很挺刮。可惜現在只能免談婚事了。」佘鴻文先生在說我的爸爸和叔叔。

「為什麼？」

「他們家多災多難。要不然，那個叫志敬的後生真可以成為二小姐的候選。咳，我這只是隨口說說，佘家配不上。」佘鴻文先生怕老朋友產生誤會。

「志敬？那個後生？到過我家。」朱承海先生說：「本分，有家教，看上去也還聰明。」

「他到過你家？二小姐見過嗎？」佘鴻文先生問。

「見過。姐妹倆都見了。」朱承海先生說。

一九四二年九月下旬的一天，朱承海先生派了一個僕人給佘鴻文先生送來一份邀請喝酒的短信。

那是太平洋戰爭爆發的十個月之後，上海已經全被日本軍隊佔領。他們約在一家叫狀元樓的寧波菜館，中午，人很少。朱承海先生早到一步，已經點好了幾個菜。

「今天完全沒事。大事說也沒用了，只說家裡小事。」朱承海先生端起了酒杯。

余鴻文先生也把酒杯端了起來，笑瞇瞇地等他說下去。

「我家弄堂口，有家銀行，這你是知道的。銀行宿舍就在我家隔壁，那些職員，成天圍著我的兩個女兒轉。後來知道大女兒已經訂婚，就盯上了二女兒。前天，連行長也上門來，說來說去都是他兒子。我知道他的意思。」朱承海先生很苦惱。

「那你不妨認認真真挑一個當女婿。」余鴻文先生說。

「沒法挑，」朱承海先生說：「看到他們那一副副長相，就不適意。」

過了一會兒，他又說：「其實並不急。上海結婚的年齡要比鄉下大。如果你家表侄，那個叫志敬的，願意好好出息幾年，我們倒是可以等等看。」

余鴻文先生不知道他所說的「好好出息幾年」是什麼意思，便問：「你是說，讓他有能力在上海成家？」

在上海成家，是一件難事。朱家嫁女，上層社會的親戚朋友一大堆，大小姐已經與鉅賈王家訂婚，更會牽出一批貴客，從新房到禮儀總要說得過去。但是，「說得過去」又談何容易！例如，只要親戚中哪個女人悄聲問一句，婚後落戶在這座城市的哪個角落，就能把人憋暈了。因此很多闖蕩上海的男人只敢回到老家鄉下去娶妻生子，自己每年去探親。像志敬這樣的貧困背景，當然也只能走這條路。可惜他從小出生在上海，連家鄉話也不會講。他要「出息」到哪一年才能在上海成家，娶得起堂堂朱家二小姐呢？

余鴻文先生想到這裡苦笑一下，也不等朱承海先生回答了，只顧埋頭吃菜。

「也不一定在上海成家。」這是朱承海先生的聲音。余鴻文先生吃驚地抬起了頭。

「二小姐受得了嗎？」

「她沒有吃過苦，但她吃得起。」朱承海先生回答。

那天離開狀元樓後，余鴻文先生獨自叫了一輛三輪車，到滬西的兆豐公園坐了很久。秋天的夕陽下樹葉有點晃眼，他在猶豫要不要把朱承海先生的意思向祖母和志敬轉達。他到現在還是理不清朱承海先生作出這個重大決定的邏輯，但他很熟悉自己的這個老朋友，毛病很多，卻不會講假話。余鴻文先生掐指一算，朱承海先生最多也只是見過志敬兩三回罷了，而且時間都不會長，怎麼就看上了呢？他又一次覺得，人世間的所謂「對眼」，實在是一件神秘的事，誰也說不清。

他最不解的是，朱承海先生怎麼會把自己的兩個同樣美貌的女兒推向極富和極貧的兩個婆家？這讓兩姐妹今後如何見面？又讓她們背後的兩個家庭如何見面？這種極端性的分裂，是作過仔細考慮，還是一時心血來潮？

大概在兆豐公園的長椅上坐了一個時辰，他想出了一個主意：還是要找另一個人過幾天再去確認一下。找誰去？他想起了長期為朱家和自己家做衣服的裁縫鋪馮老闆。裁縫可以出入內室，認識每個家眷，談這種話沒有忌諱。

第二天他就去找了馮老闆，讓馮老闆過五天之後去找朱先生，證實「從余鴻文那裡聽來的傳聞」。然後，馮老闆必須向朱先生說一句關鍵的話：「如果二小姐可以到鄉下去與志敬成家，那幾乎立即可以訂婚，太便宜這小子了。」

第六天，馮老闆傳來了朱先生對那句話的回答：「今年就可以訂婚。」

當天晚上，余鴻文先生就去找了祖母和志敬。

聽完余鴻文先生的話，祖母立即搖頭，卻不說話。再問，再搖頭，還是不說話。

余鴻文先生扭頭看志敬，卻不見了身影。

余鴻文先生歎一口氣，起身要離開。

祖母想站起來送，卻又覺得站不起來，又坐下了。

祖母整整十天沒有在家裡講話。

志敬也不講，而且盡量躲開祖母。有幾次碰在一起吃飯，只聽到筷子碰到碗碟的聲音。直到第十一天黃昏，無聲地吃完晚飯，祖母喊住了即將溜腳的志敬：「別走。我想了十天，也看了你十天。今天要問你三個問題。」

志敬站著，說：「媽，你問。」

「第一個問題，我如果不同意這門婚事，你會記恨嗎？」祖母問。

「不會。」志敬很快回答。

「既然這樣，為什麼一直不講話？」祖母問。

「因為你也沒講話。」志敬說。

祖母又開口了：「第二個問題，如果你與二小姐在鄉下成家了，留在鄉下的是她，我可以陪著，但你還要在上海做事。人家可是上海富貴人家的千金，你有沒有決心用七八年時間，再把她接回來？」

志敬沉默了一會兒，說：「試試吧。」

「這事不能試試，得下決心。否則對不住人家。」祖母說。

志敬抬起頭來，輕輕點了點頭。

「第三個問題，」祖母又問：「如果二小姐實在住不慣鄉下，你又沒本事在上海安家，她一氣之下回家了，離婚了，你受得了嗎？」

「那就只好認命。」志敬說。

過了一會兒，祖母說：「這是余家要冒的最大的風險，比當初賣房還債的風險還要大。就看你了。」

志敬連「唔」一聲都不敢。

祖母撩起衣襟擦了一下淚。她平常很少流淚，這樣大幅度的擦淚動作，志敬更是第一次看到。

事情一旦起頭就變得很快，兩方都怕哪一步稍有遲疑引起對方不安。結果，在短短幾個月之後，就在上海舉行了訂婚儀式，時間是一九四二年十二月八日，這天是星期一。

來的人不多。佘鴻文先生和馮老闆兩人共同做了媒人，朱承海先生帶來了大小姐和三位白鬍子老人，那三位老人不知道是做什麼的，大家都對他們很恭敬，其中最年老的那一位還擔任了證婚人。祖母那邊來的，有吳阿姨、陳媽，還有女兒志杏和小兒子志士。

吳阿姨一見低頭害羞的二小姐就快步迎了上去，湊著臉橫看豎看好一會兒，嘴裡嘖了幾聲，然後舉起右手食指，狠狠地點了志敬三下。

與現場氣氛格格不入的是兩個年輕的「革命者」：志杏和志士。一個穿著工裝，一個穿著學生裝，毫無打扮。志杏是個行動者，一切思維都非常簡明。她認定朱承海先生是抗日人士，因此是好人，不反對這樁婚事。志士的思維也非常簡明，他認定朱承海先生是賭徒，因此從心裡反對這樁婚事，但又知道自己沒有發言權，也就不發言了。今天是佘鴻文先生硬叫他來的。他只坐在屋角，看著一本書。

志杏上下打量了一下穿著銀色旗袍的大小姐，又回頭看一眼二小姐，說：「你們姐妹倆，怎麼長得和月份牌上的美女完全一樣？」

大小姐一笑，說：「幫幫忙，總比月份牌上的人好看一點吧？」

志杏原是恭維，沒想到對方驕傲得那麼可愛，這是志杏從來沒有遇到過的。她一高興，就把手摟到了大小姐的肩膀上，但又似乎覺得不妥，把手收了回來。

志杏覺得需要自我介紹一下，就說：「感謝你的父親朱先生，為我父親寫了墓碑。」

大小姐聽了眼睛一亮：「原來是余家妹妹。現在我們是親戚了，謝什麼。早就聽說你很厲害，幾十個工廠的工會都歸你管，可以呼風喚雨。」

「這是誇張，不能聽。」志杏說。

這時，二小姐端起一杯茶，走到一直在低頭看書的志士面前，說：「余家弟弟真用功，喝口水。」

志士茫然抬起頭來，知道這位給自己端水的是今天的女主角，剛才進門時介紹了。但當時根本沒有多看，現在近距離一看，他感受到一種少有的親切。這是他心中最典範的嫂嫂的目光，但他不知道該不該叫「嫂嫂」，因此楞住了。

「哦，是《史記菁華錄》。」二小姐看了一眼他手中的書說。志士有點驚訝，她把「菁」準確地讀作「精」，而且把這個書名讀得那麼流暢。這在當時的中國女性中，少而又少。

志士站了起來，接過茶杯，說聲謝謝，卻不知道應該再說什麼。

06 — 鄉下

從此，朱家門裡的兩個小姐都算是訂了婚。

她們突然變得客氣起來，分頭做著各自的事，又會天天抬眉看一眼對方在做什麼。

大小姐到平橋路虞洽卿路口的「馮秋萍女子服飾訓練班」報了名，又每月一次到「新世界」聽金陵女子大學校友的家政知識講座。她也曾要妹妹陪她去，但妹妹笑著搖搖頭。妹妹通過海姐的介紹，到冠生園設在郊區七寶的一個種植場去見習，每次回來臉上都是曬得紅撲撲的。

朱承海先生坐在餐桌的上方，喝著酒。他的妻子坐在他的正對面。他的左右兩側，應該是兩個女兒的位置，但她們都還沒有回來。朱先生看了妻子一眼，說：「兩個女兒，一個嫁給巨富，一個嫁給赤貧。這可不是我的故意。」

「還好，是阿鳳到富家，阿秀到窮家。要是倒一倒，阿秀哪能抗得住富家，阿鳳哪裡熬得住窮家？」妻子說。她所說的阿鳳，是大小姐的小名；阿秀，是二小姐的小名。

「這是命。」朱先生說。

「說來說去我還是不放心阿秀。結婚後在鄉下安家，志敬在上海，只有一個婆婆陪著。要是和婆婆脾氣不合怎麼辦？想來想去，索性我也到鄉下去吧，有個照應。」妻子說。

「你走了，我怎麼辦？」朱先生說：「我也一起回去？」

妻子沒有吱聲。

這次餐桌閒聊，幾個月後，漸漸變成了一種明確的行動。朱先生夫婦在一件件地變賣家產，最後，連房產仲介都上門了。

大小姐本來一直覺得自己有點對不起妹妹，尋思著今後嫁入王家後一定要盡力接濟。但是，當她真的看到父母親都要陪著妹妹住到鄉下去時，立即產生了惶恐。

那天，大小姐終於爆發了。

也還是在餐桌上，她聽到父母親又在談回鄉的一些具體事項，便放下筷子哭了起來。她邊哭邊說：「嫁給王家也不是我定的，你們全走了，丟下我一個人在上海？我不嫁了！我不嫁了！」

二小姐也哭了。姐妹的哭是最容易傳染的，何況二小姐馬上明白這事與自己有關。

朱先生夫婦不知道怎麼來勸慰自己的這兩個女兒。朱夫人跟著擦起了眼淚。她這一擦，兩個女兒哭得更厲害了。

朱承海先生在三個女人的哭聲中兩眼發直。

他又喝了半杯茶，把臉轉向大女兒，說：「阿鳳，不是丟下你。是我實在沒錢了，在上海過不下去。到了鄉下，什麼都便宜，好過一點。」

大小姐長這麼大，從來沒聽過父親對自己講那麼坦誠的話，便把哭聲收住了，抽抽噎噎的。朱先生還在說下去：「我和你母親在鄉下，還指望你寄點錢回去呢。你不嫁，跟著我們，大家吃什麼？」

大小姐說：「我如果熬不住，一定逃婚，逃到鄉下來！」

二小姐破涕為笑，說：「如果你逃婚，王家少爺還不跟著你私奔？」

「那就把財產偷出來私奔。」大小姐也笑了。

余家托媒人余鴻文先生和馮老闆去與朱家商量結婚的日期，兩位媒人很快就帶來了回音：朱家二小姐說，長幼有序，只有在姐姐結婚半年後她才能結婚。

那天余家正好全家都在，大家聽了一起點頭，覺得二小姐說得有理。志杏突然站起來說：「那我也在哥哥結婚後半年結婚吧！」她強裝大方，卻還是紅了臉。

原來她與一個「革命同志」的關係，早在一系列生死考驗中成熟。他們的結婚方式，也會非常簡單，甚至連是不是請客吃飯也說不定。

志士也站起來了，大聲說：「那我，我也在姐姐結婚半年後結婚吧，可惜還沒有女朋友。」

大家都笑了起來。

朱家大小姐與王家少爺的結婚日期是一九四四年四月十三日。結婚儀式之隆重，震動了上海商界。

朱家二小姐與余志敬的結婚日期是一九四五年一月九日。結婚儀式在浙江省餘姚縣橋頭鄉余家村和朱家村之間舉行，兩個村子相隔半華里。

朱承海先生和夫人早幾個月就到鄉下定居了，邊收拾房舍邊為二小姐準備嫁妝。

朱家的宅第是朱承海先生的父親朱乾利先生建造的，當時正是朱家的鼎盛期，造得很有氣派。一個高牆圍成的院子，大門和正廳之間有貼牆的護花長廊。此刻，二小姐正在幾個伴娘的護送下經過這條長廊，走向那頂放了好幾天的華麗花轎。

照例新娘子上轎時要哭幾聲，但二小姐哭不出來，只是微笑著到母親懷裡偎一偎，再伸出雙手摟了一下父親的雙臂。朱先生以為她會因勢跪下，忙著翻過手來握住了她的手阻止，但她並沒有跪的意思，只附耳對父親輕聲說：「等一會兒還要在余家正式拜堂。」

朱先生對女兒客氣起來：「免了，免了。」

朱夫人從旁拍了他一下：「拜堂怎麼能免？糊塗了吧？」

這時，預先雇來的兩位「哭轎嫂」突然高聲「哭」了起來。這種「哭」是帶詞的——

花轎一抬就要出門，
父親大人你真狠心。
求你再寬限一兩天，
我要與母親訴衷情……

二小姐對這種哭轎毫無思想準備，更沒想到有這樣的詞句。她覺得很對不起父親，便撩起轎窗上的花布簾，用手指點了點哭轎嫂，笑著向父親皺了皺眉。朱先生根本沒有聽到那詞句，迎到轎窗口問女兒：「還有什麼事？」

女兒擺擺手，又向母親擺了擺，放下了花布簾。

花轎抬出了花崗石的大門。經過平整的青石板鋪成的門場，越過一條「穿堂」，便到了河邊。船碼頭上有挑夫把嫁妝小心搬到船上，花轎不上船，只沿著河邊一道道纏滿藤蔓的竹籬，走上了田邊小路。

過了一座小小的老橋，便到了余家村。余志敬就在村口迎接。

在婚宴上，媒人之一的馮老闆指了指門口一桌，對朱承海先生說：「你認識那兩個後生嗎？」

朱承海先生瞇縫著眼看了一會兒，說：「有點眼熟，記不起來了。」

馮老闆說：「這是你女兒在上海的同學，與我搭同一條船來的。他們很多男同學都不相信你女兒真會在這麼貧困的鄉村住下來過日子，就打了賭。今天他們看了婚禮，回去報告，有一撥同學就輸了。」

正說著，便看到新娘子在新郎倌的陪同下向那兩個後生去敬酒。新郎倌走到一半突然站住，又立即快步上前，大叫一聲：「阿堅！吳阿堅！」

阿堅，就是那個鴉片館老闆的兒子，由於他媽媽吳太太的關係，早已成為志敬的好朋友。但志敬哪裡知道，他竟然是自己妻子的同學。

「志敬！」阿堅也在歡快地喊著。他怎麼也沒有想到這個引起打賭的婚禮中，新郎居然是志敬。

「算你凶，把我們班裡多數男同學的夢搗碎了。」阿堅不輕不重地砸了志敬一拳。他所說的「凶」，在上海話裡的意思是厲害，而不是兇惡。

「酸去吧。」馮老闆笑著說。

07 那天下雨

從爸爸、媽媽結婚到我出生，這段時間，天下發生了很大的變化。爸爸、媽媽結婚後的四個月，德國宣佈投降，歐洲戰爭結束；再過三個月，日本宣佈投降，抗日戰爭結束。

這些大事，在上海鬧得天翻地覆，但鄉下卻不知道。沒有報紙，沒有公路，沒有學校，無從知道外面的消息。四鄉村民都過著最原始的日子，種稻，養蠶，捕魚，自給自足，又總是不足。真正統治這些村落的，是土匪和惡霸。

祖母回鄉後面對這種情況，立即明白只有一個地方可去，那就是到吳山廟去念佛。這位在上海叱吒風雲的社會活動家，喪失了所有的社會資源，便在佛堂裡為一個個死去的親人超度。

這天佛堂裡一起念佛的有七八個中老年婦女。閉著眼睛的祖母突然聽到有輕輕的腳步聲在自己跟前停下了，連忙睜開眼睛，只見這所小廟的住持醒禪和尚站在面前。祖母趕緊站起身來，醒禪和尚便目光炯炯地說：「剛才金仙寺的大和尚派徒弟來通報，日本人已經在昨天宣佈無條件投降！」

「無條件投降？」祖母低聲重複了一句，大顆的眼淚立即奪眶而出。那幾個中老年婦女驚訝地問她怎麼回事，她只向醒禪和尚深深鞠了一躬，便立即轉身回家，她要在第一時間把這個驚天動地的消息告訴我媽媽。

身後，醒禪和尚正在向那些婦女興奮地解釋。

祖母回家給我媽媽一說，媽媽說「這事必須馬上告訴我爸」，便匆匆出門，去了朱家村。

外公聽到這個消息後，站在天井裡抬頭看了一會兒天，然後不緊不慢地走到牆角，彎腰旋出一罈酒，拿一個小鋤頭輕輕敲開罈口的封泥。

外婆說：「廚房裡那半罈還沒有喝完呢，又開？」

外公說：「這事太大，半罈不夠。」

他用長柄竹杓從酒罈裡取出酒，倒在一個很大的青邊瓷碗裡，端起來，走到大廳前面的前庭中央。他把酒碗舉到額頭，躬身向南，然後直起身子，把酒碗向南方潑灑。做完這個動作，他又拿著那個青邊瓷碗返身回裡間，仍然用長柄竹杓向酒罈取酒，再端到前庭中央，向東潑灑。接著，再重複兩次，一次向西，一次向北。

四個方向都潑灑完了，他向我媽媽揮一揮手，說：「阿秀，今天你要陪我喝酒！」

媽媽說：「爸，我陪你喝幾口。現在那邊家裡只有婆婆一個人，我要早點回去。」

媽媽回到余家，祖母仔細問了外公聽到消息之後的反應，然後說：「阿秀，今天晚上多點一盞燈吧。」

媽媽說：「好，把那盞玻璃罩燈點上！」

當時余家村點的燈，都是在一個灰色的煤油碟上橫一根燈草。那盞玻璃罩燈是媽媽的嫁妝，在余家村算是奢侈品了。媽媽點亮那盞燈後，又說：「我把它移到窗口吧。」

祖母說：「對，移到窗口。」

窗外，一片黑暗。媽媽知道，如果在上海，今天晚上一定是通宵遊行，祖母會帶領著難民收容所的大批職員出來參加全民歡慶。

「我去炒點花生吧。」祖母說著站了起來。

「好，我來幫你。」媽媽跟著向廚房走去。

過了七天，媽媽特地上街，去看看掛郵箱的南貨店有沒有上海來的快信。一問，剛到。媽媽站在街角趕快拆開，果然是爸爸來通報日本投降消息的。但信後有一段話，使媽媽緊張起來。

爸爸在信裡說，我的姑媽余志杏，已經在歡慶抗日戰爭勝利的那個晚上，當街向民眾宣佈，與她的那個革命戰友正式結婚。當時像他們一樣宣佈結婚的，有十幾對。到第二天，姑媽才突然醒悟，這事祖母知道了一定會生氣，但已經來不及了，她決定過些天帶著丈夫一起到鄉下向祖母請罪。爸爸在信中要媽媽先對祖母作一點試探。

那天吃過晚飯後，媽媽對祖母講述爸爸的來信。她繪聲繪色地稱讚上海青年在抗日戰爭勝利之夜的狂歡場面，又故作輕鬆地說到很多戀人當場宣佈結婚，祖母聽了，笑得合不攏嘴。

「媽，我真希望志杏、志士他們那天晚上也把自己的對象拉出來一起宣佈結婚呢！」媽媽說，小心地看著祖母。

祖母說：「他們哪有這種好福氣！」

媽媽說：「志杏可是說過，要在我們結婚半年後宣佈結婚。那天晚上……」

祖母立即轉過頭來，看著媽媽：「是不是志敬信上還寫了什麼？」真是敏感。

媽媽笑了，說：「果然是做娘的厲害。志杏那天晚上真的宣佈了……」

祖母的臉，突然被打了一層寒霜。

這下媽媽慌亂了，支支吾吾勸解了好半天。

祖母好像什麼也沒有聽見，如泥塑木雕。

終於，祖母說了聲「睡吧」，就回自己房間了。

第二天，吃早飯時，祖母對媽媽說：「那個人，我連見也沒有見過。我一個人，這麼多年，就她一個女兒了，她都知道……」

媽媽聽出祖母今天講話很不利索，連聲調也變了，便立即打斷，說：「是不對。讓他們在謝罪時多跪一會兒！」

「你寫信給志敬，我不見他們，叫他們不要來，來了也沒用。」祖母說得斬釘截鐵。

我出生那天正下雨。雨不大，也不小，接生婆是外村請來的，撐一把油紙傘。雨滴打在傘上的啪啪聲，很響。

按照我家鄉的風俗，婆婆是不能進入兒媳婦產房的，因此祖母就站在產房門外。鄰居婦女在廚房燒熱水，進進出出都會問接生婆「小毛頭是男是女」、「小毛頭重不重」。祖母說：「不要叫小毛頭，得讓他一出生就有一個小名。」

「叫什麼小名？」鄰居婦女問。

祖母想了一會兒，又看了看窗外，說：「小名隨口叫。秋天，下著雨，現成的，就叫秋雨。過兩天雨停，我到廟裡去，請醒禪和尚取一個。」

第二天雨就停了，祖母就滑滑扭扭地去了廟裡。醒禪和尚在紙上劃了一會兒就抬起頭來說，叫「長庚」吧。他又關照道，不是樹根的根，是年庚的庚。

回家的路上祖母想，管它什麼庚，聽起來一樣的，村裡已經有了兩個，以後怎麼分？她還是沒有進產房，站在門口對媽媽說：「和尚取的名字不能用，和別人重了。還得再找人……咦，我怎麼這樣糊塗，你就是個讀書人啊，為什麼不讓你自己取？」

媽媽躺在床上靦腆地說：「還是您昨天取的小名好。」

「我取的小名？秋雨？」
「對。我寫信給他爸爸，讓他定。」
媽媽也想借此試一試爸爸的文化修養。爸爸回信說：「好。兩個常用字，有詩意，又不會與別人重複。」
於是，留住了那天的濕潤。
從此，我就成了我。那麼，這本書裡的一切稱呼也就要根據我的身份來改變了。除了祖母、爸爸、媽媽外，爸爸的妹妹余志杏我應該叫姑媽了，爸爸的弟弟余志士我應該叫叔叔。媽媽的姐姐，那位朱家大小姐，我應該叫姨媽，而朱承海先生夫婦，我則應該恭恭敬敬地叫外公、外婆。
外公是我出生後第七天上午才來的。他一進門就是高嗓子：「聽說取了個名字叫秋雨，好，這名字是專門送給我寫詩的。」他清了清嗓子，拿腔拿調地吟出一句：「竹籬——茅舍——聽秋雨，哦不對，平仄錯了。秋是平聲，這裡應該放仄聲……」
媽媽知道，這是外公在向自己賣弄，便輕輕一笑，對著產房門口說：「爹，竹籬茅舍也落俗套了！」
外公說：「那好，等我用點心思好好寫一首。你姐生的兒子取名叫益生，也不錯，但不容易寫詩。」
媽媽說：「志敬也說秋雨的名字有詩意。」

「志敬也懂詩？他怎麼不早說！」外公嚷嚷開了：「要不然，我也不用猶豫了。讓他趕緊回來一次，看看孩子，再與我對詩。」

外公、爸爸、媽媽都知道那句有名的詩：「秋風秋雨愁煞人」。但是為了詩意，他們還是選了這個名字。

災難，是我的宿命。只不過，這種災難，與詩有關。

08 叔叔二十歲

爸爸在上海要上班，沒法因為我的出生趕到鄉下來，寫信寫得很勤。鄰居上街，幾乎隔天就帶回來一封。

見有信，祖母就從媽媽手裡接過我，坐下，準備聽媽媽讀信。媽媽用剪刀把信封剪開，抽出信紙，打開，撣一下，就讀了。

今天祖母看到兒媳婦只看不讀，表情有異，連忙追問。媽媽突然回過神來，說「沒有什麼，沒有什麼」。

其實，不是沒有什麼。爸爸在信中告訴媽媽，姑媽好像懷孕了。更麻煩的是，姑媽的丈夫，我的姑父，已經去了遙遠的東北。

我到長大後才知道，姑父去東北，是因為抗日戰爭勝利之後，共產黨和國民黨開始了對東北的爭奪。他受組織調配，準備在共產黨軍隊佔領幾座東北城市之後參與管理。上海與他一起北上的地下革命者有好幾十名。當時的共產黨員，沒有一個會因為妻子懷孕而不服從這樣的調配。

媽媽在讀信時只為姑媽感到鼻酸。丈夫遠走了，母親反目了——這樣的懷孕多麼可怕。

幾個月後是嚴寒的冬天。那天上午，媽媽出門去買菜，剛走了一半，就遇到一位被稱為「信客」的私人郵差。那人心急火燎地攔住媽媽說：「就為你家的事，我特地從上海趕來！」

說著，從包袱裡拿出一封急信，是爸爸托他送的。

媽媽在路上拆開信一看，完全愣住了。

爸爸在信上告訴媽媽，姑媽昨天因難產而亡！

爸爸說，這事不能瞞著祖母，祖母經受過太多孩子的死亡，應該經受得起。但是，說的時候一定不要莽撞。爸爸又說，他和叔叔會把後事處理好。

媽媽回家後避過祖母的臉就上了樓。不久，祖母聽到樓上有奇怪的聲音，那是媽媽捂著被子在哭。

很快祖母就問出了真相。媽媽說完後就一直摟著祖母，摩著她的背。祖母始終不說話，閉著眼睛。

半個時辰後，祖母站起身來，對媽媽說：「叫隔壁桂新陪我走到觀城，那裡有汽車到寧波，我趕今天晚上的輪船！」

媽媽說，由她陪著到上海。

祖母問，小孩怎麼辦？

媽媽說，交給鄰居管幾天。

祖母厲聲說，那怎麼能放心？你萬萬不可走！

這是婆婆對媳婦的第一個強行命令。

祖母說完，點了一點錢就上路了。從家到觀城，有十里路。冷風夾著雪片，幾步一滑。祖母一路催促著桂新，像是在奔跑。

第二天下午，祖母在上海安樂殯儀館裡看到了自己的女兒，我的姑媽余志杏。

一個女嬰在哭。聽說姑媽臨死前一直在念叨：「保孩子，保孩子……」

姑媽的遺體邊站著很多大家都不認識的人。一律筆挺的身子，瘦削的臉，都低著頭，擦著淚。誰都知道，他們是姑媽的「戰友」。再過兩年，他們的黨將奪取全國政權，但現在，他們這一群人的首領，卻走了。

祖母掙脫了我爸爸和叔叔的攙扶，一步上前，細細地看著姑媽的臉，搖了搖頭，輕輕叫一聲：「娘錯了，阿囡！」

然後，祖母把臉貼到了姑媽臉上，嗚咽著：「娘錯了！娘真的錯了……」

吳阿姨也來了，陳媽也在。爸爸和叔叔要張羅追悼會的事，吳阿姨和陳媽攙扶住了祖母。

又響起了嬰兒的啼哭聲，祖母渾身一抖，問：「孩子交給誰？」

本來，爸爸和叔叔已經與姑媽身邊的戰友商量過，尋找孩子父親在上海的親戚，讓他們暫時領養，今後可以把孩子交給父親。但是，地下工作的嚴密規則使這些戰友互相之間都不知道親屬關係。現在，孩子在姑媽生前臨時雇用的女傭手裡。

我的叔叔余志士看了一眼祖母，立即上前抱過了孩子。他說：「我這輩子不結婚了，養這個孩子！」

叔叔個子很高，此時他正好二十歲，用很不熟練的姿勢抱起了亡姐留下的孩子。他一臉悲壯，夾著點兒淒迷。撫養這個孩子的代價，他剛才只說了一項，其實更大的代價還有一項，那就是他一直希望盡快到北方參加革命隊伍，有了這個孩子就不可能了。

正在這時，另一雙手把孩子奪過去了，那是我爸爸。爸爸盯著叔叔的眼睛說：「我來養，我們已經有了秋雨，加一雙筷子就成，你必須結婚！」

祖母當然立即贊成了我爸爸的決定，說：「明天我就抱她回鄉下去。」

這個由祖母抱回來的嬰兒，就是我的表妹。家裡人總希望哪一天她能找到自己的親爸爸，很多年後打聽到，她的親爸爸已在東北的丹東市定居並結婚，也生了不少孩子。她如果過去，反而彼此不便，就徹底成了我家一分子。

轉眼就到了一九四九年，共產黨從國民黨手裡奪取了政權。這件事，叔叔本應高興的，但他卻鬱鬱寡歡。

偷偷傳閱的禁書突然成了課本，暗暗崇拜的英雄全都成了官員，這讓叔叔很長時間適應不了。他不看報紙，也不聽報告，覺得那些本應在夜間發出神秘幽光的文字和聲音一下子鋪陳到大街小巷，就不屬於自己了。

這正好與爸爸產生了明顯的對照。爸爸在以前對任何革命宣傳都不感興趣，覺得那都是危言聳聽。現在，他知道自己確實落後了，便虛心地學，很快就顯得比叔叔「進步」了。

那天剛吃完飯，爸爸隨口說起，他們單位的學習已進入到「辯證唯物論」。叔叔一聽就站起身來，卻不知道說什麼好。他想起了半年前發生的事。

半年前，共產黨還處於地下。有一個下午，他像往常一樣到八仙橋青年會用暗號叩擊一扇小窗，便有一位黑瘦老人出來，領他到一個倉庫，那裡已經會集了四個與他一樣的年輕人。這次，黑瘦老人領著五個人，推著一輛大板車作偽裝，來到西郊一所丹麥人的住宅，再拐進這所住宅邊一個廢棄的地下酒窖中，見到一個戴眼鏡的人，年紀比他大不了幾歲，卻繪聲繪色地講起了「辯證唯物論」。這位老師叫江斯達，大家佩服極了。後來還去聽過兩次，叔叔覺得就像在深山絕壁處，受到了高人摩頂。

怎麼，才半年，這些深藏密裹的秘哲，居然成了街道間很多職工的口頭語？叔叔覺得，這樣的城市沒法再待下去了。

他必須離開，卻不知道到哪裡去，每天懶懶散散地在馬路邊走著。這天，他見到一個院子門口掛著「土改報名站」的張貼，便進去看看，發現那是在招募到蘇北和安徽參加「土地改革」的工作隊員，已經聚集了不少年輕人。

他覺得這事應該多問幾句，便撥開人群走到一個正在低頭登記的工作人員面前。問了幾聲，那人都沒有抬頭，看來是太忙了。過了一會兒，那人才連聲說「對不起」，抬起頭來。這一抬頭，叔叔傻了：這人居然就是在地下酒窖講授「辯證唯物論」的江斯達！

江斯達也認出他來了，叫一聲「余志士！」

叔叔在凳子上坐下，與江斯達談了一會兒。原來，江斯達已被任命為一個赴安徽的土改工作團的副團長，下面管好幾個工作組，已經招募了三天，基本夠了。他問叔叔，想不想一起去。

叔叔對於自己心中最神秘的傳道者坐在人來人往的公共場所，未免有點失望，但自己的去向問題卻頃刻解決了。是江斯達，就可信任。跟他去，沒錯。

他幾乎什麼也沒有準備，很快就去了安徽。

當時安徽的貧困，是在上海長大的叔叔完全無法想像的。他終於看清，這是中國大地的真實。因此，應該挑戰的，是自己。幾年挑戰下來，他覺得連上海普通市民走柏油路、用自來水都過於奢侈了，有點對不起他已經很熟悉的安徽農民。

與他一起來參加土改工作隊的，土改結束後就回了上海。但他沒有回，找了江斯達，要求留在安徽做事。江斯達說：「你這幾年也看到了，安徽最大的災難是淮河年年氾濫。現在，中央政府要求集中力量治理淮河，從各地調來很多人，上海來的也有不少，我已經接受了治淮工程指揮員的職務，你也跟我去吧。」

於是，他又投身於赤腳挑泥的治淮工程。人更瘦更黑了，而且渾身是傷。

治淮工程告一段落，很多參與者又要回上海了，叔叔還是不走。他覺得自己的血肉已經和安徽長在一起。又去找江斯達，江斯達說：「像你這樣一心要幫助安徽的人，最好做一個幹部。但你又不肯入黨，那就麻煩了，能做什麼呢？」

在當時，加入共產黨是做幹部的必要條件，但叔叔卻一直走不出這一步。理由是入黨太風光、太榮耀，他受不起，而且也怕不自由。結果，又是江斯達給他做了介紹，到當地一家工廠做技術員，後又升任工程師。江斯達自己，則出任了這家工廠所在地的副市長。

這樣，余家在上海只剩下一個人了，那就是我爸爸。他每年回鄉探親一兩次，對我來說，很是陌生。

其實爸爸對家鄉也很陌生。但他並不想克服這種陌生，只想一天天努力，什麼時候能把家搬回上海。他不知道，那個家，已經在家鄉生了根。他幼小的兒子，我，更是與那片土地密不可分。

第二部

01 無產地主

一九四九年的政權更替，在家鄉並沒有發生戰爭。一天傍晚，有人遠遠地看到有幾十名穿黃衣服的軍人在快速行走，據兩個過路的小販說，這就是共產黨的解放軍。

第二天，來了一幫人，號稱是「浙東農民接管司令部」的，敲著鑼要村民到祠堂開會。大家去了以後，聽一個首領站在凳子上宣佈，要每一個三口以上的家庭，在十天之內繳一擔穀子一匹布到吳山廟，供解放軍用。十天不繳，就要加倍。再不繳，關起來。說完，這幫人又到別的鄉去了。

其實，村裡人已經認出來了，這幫人裡有好幾個是當地匪首陳金木的嘍囉。果然，四天後，這批人被真的解放軍抓了起來。

這讓村民更害怕了，因為陳金木是一個讓當地人一聽就冒冷汗的名字，如果他來報復，一定是一場血腥惡戰。

村民戰戰兢兢等了幾天，沒等來陳金木，倒是等來了一支「土地改革工作隊」。一看就知道他們是城裡來的知識青年，與叔叔去安徽的情況差不多。

這些村子本來也有鄉長、保長、甲長，但都不管事。土改工作隊一來，召集大家開會，說要「耕者有其田」，平分土地。因此，先要按各家土地劃分出階級，再把地主的土地分給貧農。

村民聽了幾次，還是說不明白，工作隊有點苦惱。突然有一個鄰村的中年男人找來了，斯斯文文的，坐下後把鄰近四鄉一切有錢人的戶頭和財產說得清清楚楚。工作隊大喜過望，記下了他的名字：余頤賢。

從第二天開始，工作隊就發現他提供的情況很少有錯，因此把他確定為這個地方第一個「土改積極分子」。余頤賢提醒工作隊，吳石嶺、上林湖周邊三十七個村落，最富貴的是朱家，也就是我外公家。但是到第六天就有人說了真話：這個人是盜墓的，村子裡的人叫他「夜仙」。瞭解各家境況，是他的專業功課。我曾外祖父朱乾利先生的墓多次被盜，相信都與他有關。工作隊一聽大吃一驚，向村民們求證，村民都點頭。但這時再找余頤賢，卻不見了。他以一個文物商人的身份遊走於杭州、紹興、寧波之間，偶爾也回村，工作隊不知道該怎麼對付他。他總是夜裡回來的，名副其實成了個「夜仙」。

那天，兩個工作隊員來到外公家。領頭的一個告訴外公，自己是隊長。

兩個工作隊員並不怎麼講話，只是靜靜地看了整個宅院的上上下下、裡裡外外。

房子比鄰村所有的地主都講究，但問來問去，朱家卻沒有地。兩個工作人員立即決定，評為「破產地主」。

幾天後，外公敲開了工作隊的門，說：「破產的說法不大好，聽起來有點晦氣。其實我一直沒有地，那就改一個字吧，叫無產地主，聽起來倒是名副其實。」

他不知道，共產黨裡有一個光榮的詞彙叫無產階級。

幾個工作隊員一聽「無產地主」這個名詞噗哧一聲笑了出來。只有隊長低聲喝問：「你這是什麼意思？」

外公一聽口氣，就知道事情不妙，連忙說：「沒什麼意思，沒什麼意思。」邊說邊轉身推門離開，步子很快，像逃一樣。

外公挨了幾次批鬥，還被抄了家。但是他與本村村民沒有土地關係，也沒有其他經濟往來，批鬥的時候找不到話題，大家也就沒有怎麼為難他。

農會抄家，並沒有從外公家抄走什麼東西。除了一些細軟外，比較引人注目的，就是一把紅木象牙太師椅。

這是外公的父親早年從鳴鶴場買來的。聽說還是道台家的舊物，清朝滅亡後道台家敗落，流到了市場。原來是一對，買來後不久另一把散架了。這把太師椅從外公家抄出來之後，所有的村民都覺得它又笨又重又不實用，沒人要，擱到了農會。一年以後，外公看到，東村一個叫李龍的人揹著這把椅子在走路。

外公知道這個人，是一個遊蕩的雇農，其實是一個懶漢，綽號叫「濫料」。這樣的人當時在周邊幾個村很多，平時有一頓沒一頓的，等到時勢有變就都衝在頭裡，像個革命者，但時勢一太平，他們又賴巴巴地不知道到哪裡去吃飯了。

李龍從農會裡要下這把紅木象牙太師椅，是等著賣個好價錢。因此哪兒有集市就把它搬到哪裡，一天天風雨無阻，一次次汗流浹背。

一天，外公來我家，祖母在閒聊中順便提起：「聽志敬說，你家有一把很講究的紅木象牙太師椅？」

外公說：「有。但現在不是我的了。」

「到哪裡去了？」祖母問。

「李同志保管著。」外公說。

祖母問：「這個李同志是誰？為什麼要他保管？」

外公說：「就是東村的李龍。」

祖母聽了一楞，然後就放聲大笑：「濫料啊，我的最沒有出息的表侄兒！我想天下只有你一個人會叫他李同志，他是哪世修的？」

這件事，祖母每次想起總要笑出聲來。她覺得可笑的不是李龍，而是外公。

「真是虎落平陽啊，」祖母說：「幾年前，他擺酒席，恨不得把半個上海都請來。現在倒好，一把椅子都是『李同志保管著』！」

媽媽說：「你看，時世變來變去，就是一把舊椅子轉來轉去。連一把椅子也轉到肩膀上去了，顛顛簸簸的，這日子怎麼能太平？」

祖母說：「耗掉點懶漢的力氣倒不錯。他們的力氣不耗掉，天下太平不了。」

02 媽媽下樓了

媽媽歷來不問政治，對一九四九年的政權變更，沒有什麼感覺。後來，見到那麼老實的外公、外婆變成了需要抄家的「破產地主」，而神氣活現的竟然是李龍這樣的人，她心裡有點窩火。

土改工作隊走後，來了幾個復員軍人擔任村幹部，村長是一個跛腳的殘疾軍人。媽媽對軍人有成見，因此心裡還是灰濛濛的。除了做一些家務之外，她成天躲在樓上，哼一些歌曲，看著我，等我一點點長大。

有一天，村裡一片熱鬧，很多人奔相走告，說幾個村的幹部聯手，配合解放軍，領著民兵，把匪首陳金木抓住了。

那天，媽媽不再哼歌，下樓了。她陪著祖母坐在家門口，與鄰居談這件事。看到跛腳村長在遠處走過，媽媽和祖母還破天荒地招呼他來喝茶。

媽媽端著一杯綠茶送到村長手上，說：「為民除了害，你們辛苦了！」

村長接過茶杯坐下了，他抬頭一看，覺得對於眼前兩位有知識的上海女人，應該談一點大計畫。他說：「這次在清除土匪時發現，多數嘍囉都是村子裡的懶漢。」
「那準備怎麼辦？」媽媽問。
「政府已作出決定，清除土匪之後，就要大規模地教育懶漢。讓他們正常勞動，開荒地，種點蔬菜瓜果，自食其力。」
這件事幾個月後就初見成效。連李龍，也約了另外兩個懶漢到河灘地裡種茭白，然後賣給小販，有了穩定收入。媽媽看到，隨著懶漢數字的一點點縮小，整個鄉村的氣氛變了。照她寫給爸爸信裡的話來說：「依然窮困，卻不再無望。」
在清除土匪、教育懶漢之外，媽媽看到了第三件事，更高興了。原來，當地農家婆婆，傳代性地存在著虐待兒媳婦的惡習，而且家家仿效，互相比狠。被虐待的兒媳婦，都憋著一股惡氣，一憋二十年，只等著兒子快點長大成婚，她們可以在自己的兒媳婦身上報復。半年前，幾個從城裡來的女學生，在每個村子裡發動成立了婦女會，一些最兇悍的「惡婆婆」被揭露，年輕媳婦在家裡被打、被燙、被捆綁、被餓飯的事情也公佈了。
那天媽媽向跛腳村長提了一個建議：把那些剛剛有了笑臉的年輕媳婦們組織起一個劇團，演戲。
村長立即同意，說：「好！只要不關在家裡，在外面多聚聚，虐待的事也就不會有了。但是，誰會教她們演戲呢？你嗎？」
媽媽說：「我不會教。但我知道有一個現成的人，村北的篤公。」

「篤公？那個特別貧困的孤老頭？」村長很驚訝。他是復員軍人，對村裡的隱秘還不摸底。

媽媽直到晚年還記得很清楚，她發現篤公的秘密，是在剛嫁過來不久的一個晚上。那天晚上，她在朦朧的睡夢中被一種聲音驚醒。是一個女人在唱戲，幽幽的，讓人毛骨悚然。媽媽連忙劃了火柴點燈，幾次點不亮，像是被風吹了，後來發現不是風，是自己慌張的喘氣。

第二天問祖母，祖母居然沒有聽見。正好李龍過來，祖母向他打聽，李龍說：「那是隔壁樓上的一個女瘋子在唱，唱給北村的篤公聽。」

女瘋子？篤公？祖母和媽媽都好奇極了，細加盤問。李龍說不明白的，再問別人，終於弄清了事情的大概。

原來，篤公和那個女子是鄰縣一個流浪戲班的男女台柱，兩人早已日久生情，形同夫妻。一天，篤公的父親派人帶來口信，說自己已不久於人世，命他快速回家完婚，對方是出生時就由雙方父母訂過婚約的族親。篤公一聽就回家了，去看望病重的父親，再看看有沒有可能解除那份婚約。但是，他的立即回家，讓這位女子誤解了。她解散了戲班子，自己削髮為尼，進了余家村東邊的尼姑庵。但那時尼姑庵中只有她一人，難以為生，又只好嫁給了住在我家隔壁的一位老木匠，不久就瘋了。等到篤公在家鄉為老父送了終，又解除了婚約，已是半年之後，回來已經找不到戲班子和這位女子。他苦苦打聽了一年，才找到余家村，但那時，老木匠已死，那個瘋女人把自己鎖在樓上從不出門。篤公去敲過門，喊過話，都沒有回應。只有在晚上，能聽到她的哼唱。篤公也就在余家村找了一個屋子，住下了。

媽媽已經偷偷地去看過篤公。衣衫襤褸，面黃肌瘦，但身板還算硬朗。

跛腳村長是帶著好幾個年輕媳婦去動員篤公出山教戲的。篤公的屋裡沒有能坐的地方，大家都站著說話。篤公一口拒絕，說自己再也不會碰演戲的事。村長說，如果他願意教戲，村裡會有一些糧食津貼。篤公聽了，看村長一眼，就走到苜蓿地裡蹓躂去了。第二天他告訴村長，同意教戲。

村劇團一成立，我家裡熱鬧了，像是築了一個喜鵲窩。年輕媳婦們管媽媽叫「阿秀姐姐」，而「姐姐」這個稱呼在我家鄉的發音，活像喜鵲的叫聲。這些喜鵲嫌篤公家太髒，就把他拉到我家來教戲。

篤公每次走進我們家的這幢樓，都會不由自主地瞟一眼隔壁的樓窗。教戲時，他領唱的聲音很輕，結果，村劇團的演出全都變成了一種幽幽的悶聲腔。

每天學完戲，總有幾隻喜鵲留在我家，纏著媽媽為她們寫信。她們的丈夫，在上海、杭州、寧波等城市打工。

寫信出去就有回信，媽媽又要為她們讀信。幾個月下來，媽媽覺得自己不能老在人家夫妻間「傳話」，應該教她們識字。她想在村裡辦一個識字班，就與祖母商量。

祖母說：「這當然好。但這樣的班一開，別的村也會來，你忙不過來，還要找一個幫手。」

媽媽想起朱家村有一個從外面嫁過來的新媳婦叫王逸琴，好像有些文化，就抱著我去動員。王逸琴一聽很猶豫，後來被媽媽說服了。

識字班開張的前幾天，來打聽的人很多。這使媽媽犯難了：原打算在我家門口的堂前開張，地方夠不夠大？又從哪裡去找那麼多椅子、凳子？

她把那群喜鵲找來，要她們這幾天暫停學戲，全力到各家去借椅子、凳子，大大小小都可以。

但是，借來借去總不夠。一位老太太說，據她所知，我家隔壁樓上瘋子的房間裡還存有不少長凳。那是當年老木匠為了婚宴上的需要，自己打造的。

瘋子肯借嗎？幾十年來這個瘋子就靠著老木匠生前留下的積蓄在過最節儉的日子，只讓一個啞巴女人每過幾天去幫著做點事。前兩年土改工作組去敲門，婦女會去敲門，在門外說了好半天，她都沒有開門。

喜鵲們輕輕走上了那架陳舊的樓梯，每一步都像要倒塌。到了門口，也不敲門，只派一隻喜鵲柔聲細氣地叫「嬸嬸」，然後把村裡要辦識字班的事仔仔細細說了一遍，最後才提出借凳子的要求。

講完，大家都不吱聲。一隻喜鵲突然用手指點了點門，果然，有一種極輕微的聲音從裡邊傳出，但很快就消失了。這隻喜鵲用手推了推門，居然開了。

喜鵲們躡手躡腳地進房，想對這位從來沒有見到過的長輩敬個禮，卻不見人影。一頂灰藍色的帳子在大木床上垂落，主人應該就在帳子裡邊。

一眼就看到疊在那邊牆壁前的不少長凳。喜鵲們想，既然開門就表示同意，可以搬這些長凳了。但是，剛想走過去，卻發現腳下滿地都是淺黃色的奇怪物體。蹲下去一看，全是用麥稈編成的各種小動物，密密層層地鋪了一屋子，數量應該上千。

喜鵲們小心翼翼地把這些小動物略略挪移，讓出一條路，好搬凳子。

媽媽聽了喜鵲們的描述，楞住了：「滿地都是黃燦燦的麥稈小動物，還有一頂藍色的大帳子？」

媽媽是懂藝術的。

識字班終於開張了。

所有的椅子、凳子很快就坐滿了人，大批男女老少都站在後面看。許多納鞋底的、抱小孩的婦女也擠在中間，高高低低都是人頭，一片嗡嗡嗆嗆。

媽媽一看就知道這課沒法上，得換地方。但是今天算是開學，應該勉力支撐一下。她教了幾個最簡單的字，領著大家齊聲讀了幾遍，然後退下，讓給王逸琴教阿拉伯數字。

王逸琴比媽媽更忍受不了這種混亂局面，不斷停頓。她一停，下面的嘈雜聲也停，於是她又講。但她一講，嘈雜聲又響起來了。

突然，全場出現了一片肅靜。王逸琴驚奇地仰頭一看，發現所有人的目光都朝著一個方向。順著這些目光找去，王逸琴渾身一哆嗦。

王逸琴見到，柱子邊站著一個白衣女子。臉比衣服還白，白得如同古瓷。

這個女人沒有表情，朝著王逸琴，卻沒有看王逸琴。

全場仍然一片肅靜。王逸琴想講下去，嗓子卻像是被什麼堵住了。這時，有一個黑影滑出了人群，那就是李龍。

李龍想讓這個突然下樓的白衣女人與篤公見個面，最好說上幾句。他跑到村北，騙篤公說，我媽媽想請他到識字班聽聽課，提點意見。

「阿秀太客氣了。」篤公說。他覺得辦識字班是村裡的大事，就跟著李龍來了。

「這麼多人啊！」篤公憑著年齡高聲一歎。但就在這時，他的眼睛如遭雷擊。而雷擊他的那道白光，也猛然一抖，立即飄然而逝。

媽媽與跛腳村長商量後，決定把識字班辦到祠堂裡去。祠堂很大，離村莊有點距離，平日沒有人去，辦識字班正合適。

那天媽媽從祠堂回到家裡，在後門窗台上看到了五個麥稈編織的小動物。

媽媽拿起來一一看過，又想了想，知道白衣女人今天又悄悄下過樓了。

祖母說：「癡子明大理，這是她給你的獎賞。」

媽媽說：「這可要收好，都是細細女人心。」

識字班最麻煩的事情是缺少課本。媽媽每天把要教的字寫在黑板上，再發一些紙給學員，要他們照著黑板抄下來。但是，不識字的人怎麼可能抄得下字呢，每張紙上都是一片塗鴉。媽媽曾經想過由自己來製作課本，但鄉下連蠟紙油印的設備也找不到。正犯愁，一天早晨，就在白衣女人贈送五個麥稈小動物的後門窗台上，出現了一捆書。媽媽打開一看，是幾十本寧波出版的識字課本，上面還夾著一張紙條，寫著四個字：「余頤賢贈」。

這些書對媽媽來說太重要了，但贈送者居然是「夜仙」，那個很可能挖過朱家祖墳的盜墓者，這使媽媽有點為難。她翻了一下嶄新的課本，抬起頭來看了看窗外的山嶺，心想：「我的祖父，會同意我接受這個人的贈送嗎？」

問祖母，祖母說：「這書不是送給你的，是送給大家的，你還不能不要。我笑這個人怎麼做好事壞事，都偷偷摸摸。」

有了課本，識字班一下子就走上了正路。

到了上課的時候，媽媽和王逸琴都換上了結婚時穿過的旗袍，一個瓦青，一個藕紫，從兩個不同的方向穿過黃燦燦的菜花地，向祠堂走去。這兩個清瘦的年輕女子見面後輕輕地說笑幾句，便進了祠堂。這些日子，她們覺得，周圍這些村莊都進了課本，任她們指點、講述了。

03 夜晚

媽媽教識字班，總把我帶在身邊。在我四歲那年，東邊的尼姑庵裡辦起了一所正式的小學，老師來挨家挨戶動員，媽媽笑著問：「還在地上爬的要不要？」

老師說：「要。」說著就把名字登記了。

這就開始了我漫長的學歷。

我去上學的前一天晚上，媽媽在燈前坐了很久。

桌上放著一隻新縫的小書包、一頂新編的小草帽，這都是鄰居送的。在書包和草帽邊上，放著一方磨好了墨的硯台，硯台上擱著一枝毛筆。一頁已經開了頭的信箋，攤在桌邊。

媽媽本想把我上學的消息告訴爸爸，但一落筆，卻覺得分量很重。

這個學校與上海的學校完全不同，不但校舍是破舊的尼姑庵，而且聽說幾個教師也只有小學水準。媽媽驚恐地想，當年結婚時決定在鄉下安家，余、朱兩家居然誰也沒有考慮到這最冒險的一步。

媽媽握著毛筆在硯台上舔了幾次墨，還不知如何下筆。最後，她像是橫下了心，抓過那頂小草帽，在帽檐上寫下四個大字：「秋雨上學」。

第二天早晨我戴著草帽去上學的時候，媽媽本想攙著我去，因為我畢竟只有四歲，而去學校的路並不近，要穿過村舍、農田和兩條河。但是，祖母拉了拉媽媽的衣襟說：「不，讓他自己走去。」

每天晚上，媽媽還是在給鄉親們讀信、寫信。後來村裡成立了「生產合作社」，又要記勞動工分、算帳了。

因此，我家成了全村最熱鬧的地方。每條長凳上都擠坐著三四個人，前前後後又站著很多人。燈火像一粒拉長了的黃豆，在桌上一抖一抖。全屋的人都圍著燈前一個二十出頭的短髮女子，而這些人自己卻都成了黑影。黑影顯得十分高大，似乎塞滿了四邊牆壁，有幾個頭影還映到天花板上去了。

在這些夜晚，我總是趁媽媽在黑壓壓的人群中忙碌，溜到曠野裡去玩。很快，我成了小夥伴中膽子最大的人。證據是，夜間去鑽吳山的小山洞，去闖廟邊的亂墳崗，去爬湖邊的吳石嶺，都是我帶的頭。

白天上學，也很好玩。教我們的何杏菊老師剛從外地的小學畢業，短頭髮，雪白的牙齒，一臉的笑，用現在的話說，是一個陽光女孩。她教我們識字、造句，全在做遊戲。她每天都講好聽的故事，我們聽不夠，她說你們再學一點字，就能自己看書了，書上的故事更多。很快我們真能看書了，我的第一本，是《安徒生童話》。但學校的圖書館一共只有幾十本書，是天下最小的圖書館，怎麼夠同學們借呢？何老師定下規矩，寫兩頁小楷，才能借一本書。我為了多搶幾本書看，天天憋著勁兒寫毛筆字。

幾年後，我已「粗通文墨」。

有一天，媽媽與我商量，弟弟出生後，她家務事情太多，忙不過來，我能不能幫著她為村民寫信、記工分。她知道這些事情會剝奪我玩樂的時間，因此想出了一個補償方式。她說：「你所有的暑假作業、寒假作業，都由我來代你做。」

我的小學沒有每天佈置的家庭作業，只有暑假作業和寒假作業。媽媽的提議可以讓我免除一切作業了，這樣的暑假和寒假會多開心！我當場就答應了。

「但是，每天晚上寫信、記工分也夠煩的。」我說。

媽媽捋了一下我的頭，說：「你聽到過老人講的四句話嗎？手巧裁衣，身巧爬梯，識水下河，識字拿筆。」

從此，夜夜與油燈、黑影、劣質煙氣混在一起的，是一個七歲的小男孩了。

比較起來，寫信、讀信比較方便，難的是每天記工分。因為記工分的時候，必須寫明勞動項目，有一些字我寫不出來。

最早是「挖渠道」的那個「渠」字，後來是「建防疫站」的那個「疫」字，我都寫不出來，問了媽媽。媽媽說：「這不怪你。這些字，都第一次到這裡，被你碰上了。」第三次，要記下一種新到的農具，叫「雙輪雙鏵犁」，那個「鏵」字連我媽媽都不會寫，後來看了產品說明書才知道。

那些年，過幾個月總有新名堂出來。村裡的農民老是擁來擁去看熱鬧，還覺得跟不上。他們祖祖輩輩過著差不多的日子，來個小貨郎都是全村的大事，現在真正的大事一下子來了那麼多，連那些茅屋、老橋都像喝了酒似的興奮著。

每個新名堂要出來，大多先由李龍在橋頭石墩上瞎嚷嚷。這次李龍又在嚷：要放電影了！

「什麼叫電影？」坐在他身邊的農民問。

「我問過了。是人做戲，那些人比我們真人還大，只能趁著天黑出來，白天不出來。做完戲，就飛走了。」李龍說。

「這算是鬼，還是魂？」大家問。

「大概是魂。」李龍說。

大家說他又吹牛了。李龍遠遠看到跛腳村長在田埂裡走，就拉著身邊幾個人一起飛奔過去求證。村長說：「真有電影，後天晚上在鄉裡放映，可以通知村民去看。我在鄉裡看到佈告了，放的是黃梅戲《天仙配》。」

李龍帶著一幫年輕的村民到鄉裡去看了這場電影。臨出發時他突然轉身把篤公也拉上了，邊走邊說：「我們都是外行，請你這個內行幫我們講講。」

看完電影回來的路上，李龍和其他年輕的村民興奮地說個沒完。一聲不吭的，是篤公。不管李龍怎麼問，他都好像沒有聽見，只顧眼睛直直地看著夜路，往前走。

第二天，篤公找到跛腳村長，要求我們村放映一場。村長說：「我哪裡做得了主？這至少也要由鄉長發話。」

篤公立即轉身朝著鄉政府走去。

老人這麼性急，村長覺得奇怪。

篤公當面向鄉長敘述的理由是，村裡成立了一個劇團，應該讓劇團的演員看看這部電影。

「你們真有這麼一個劇團？我原來以為你們村長誇大其詞呢。」鄉長說。

「劇團的戲是我教的，要不要我唱幾句給鄉長聽聽？」

鄉長立即阻止，說：「別了，我答應您，去與電影隊交涉，一定到你們村裡去放映一場。」

當時在農村放電影是一件麻煩事。首先要運過來一台小小的柴油發電機，噠噠噠噠地響著，試試停停，停停試試。然後就是懸掛銀幕，電影放映隊問村長掛在哪裡，村長說要問篤公。篤公義不容辭，指揮他們在我家堂前門口的場地裡懸掛，一邊繫結在槐樹上，另一邊繫結在屋簷間。篤公東看西看還是不放心，與我媽媽商量，能不能讓他上我家的二樓，從樓窗上看看銀幕懸掛的情況。

媽媽當然同意，篤公在我家樓窗口，指揮著銀幕的懸掛。

那夜的電影，對我們村，是一種巫術般的降服。這裡的農民好像全都中了邪，滿腦子全是那些黑夜白布上會動會唱的大頭人影。七仙女、天仙配、董永、黃梅戲，這些都成了全村的口頭語，從老太太到小孩子都隨口說。

那天晚上放映電影的時候，月亮起了很大的干擾作用。當月亮鑽進雲層時，銀幕的圖像就清晰；當月亮出來的時候，銀幕就模糊。農民都是第一次看電影，以為一會兒明、一會兒暗屬於正常，但祖母和媽媽都在上海看過電影，知道毛病所在，便經常抬頭看月亮。

突然，祖母捅了媽媽一下。媽媽轉頭看祖母，再順著祖母的目光看去，發現月光下，我家隔壁的樓窗已經打開，一個白色的人影隱隱約約。

媽媽立即領悟，篤公為什麼要爭取電影到村裡放映，為什麼到我家樓上查看銀幕。

媽媽和祖母天天晚上都在豎耳諦聽。她們估計，這些天隔壁的夜半歌聲會改成黃梅戲《天仙配》。但一直沒等到，不僅《天仙配》沒有，連以前經常唱的越劇《碧玉簪》也沒有了。

終於，半個月後，當幾隻烏鴉奇奇怪怪地叫過一陣之後，一種輕輕的唱曲聲在黑暗中響起。這聲音比以前溫柔得多，唱的就是那天晚上看電影時鑽到每個人耳朵裡的那一段：

樹上的鳥兒成雙對，
綠水青山帶笑顏。
隨手摘下花一朵，
我與娘子戴髮間。
從此不再受那奴役苦，
夫妻雙雙把家還。

第二天吃早飯時，祖母笑著對我說：「你天天給人家寫信，順便也給安徽的叔叔寫一封吧。問問他，黃梅戲在安徽是不是人人會唱？他下次回家鄉來，能不能教教村劇團？」我當天晚上就寫了。這是我第一次給叔叔寫信，不久就收到回信，叔叔說，那個演七仙女的演員叫嚴鳳英，由於這部電影，在全國出名了。他說他自己沒學會唱黃梅戲，能唱幾句的還是越劇。

祖母聽我讀完叔叔來信，笑著說：「不會唱黃梅戲也應該多回來看看。住在鄉下沒什麼不好，就是太冷清。」

一場電影使祖母又想念起了上海。她從不在村子裡串門，對鄰里間的事情毫無興趣。不管在臥房還是在廚房，她總是長時間地看著北窗外那條新修的公路。

外公每隔幾天會來一次，祖母一見就問：「有沒有外面來的消息？」

外公說：「我也是想來問問外面的消息的，志敬來信沒說起？」

兩位見過大世面的上海人，實在是感到寂寞了。

04 姨媽和表哥

上海終於有消息了。

那天，外公向祖母和媽媽宣佈：上海的姨媽要帶著兒子到鄉下來探親！

這個消息讓外公、外婆、祖母、媽媽都緊張了，大家不知道如何來面對這位遭遇了不幸的親人。

姨媽的不幸，大家毫無思想準備。

姨媽嫁入豪門後，自從生下了寶貝兒子，也就是我的表哥王益生，在王家的地位大有提高。她應酬很多，非常繁忙。只有偶爾坐著雪亮的法國汽車駛過安定盤路朱家的老房子時，才會突然夢醒似地想起已經到了鄉下的父母和妹妹。這時，她會快速從手提包裡拿出手帕擦一擦眼角的淚花，再打開小鏡子補妝。

一九四九年新政權建立後王家的境遇不錯，但姨媽也看到，窗外的上海卻是麻煩成堆。打了八年抗日戰爭，加上三年國共內戰，中國的元氣大為損傷，這在上海看得最清楚。在內戰中失敗的國民黨政權從上海撤往臺灣時帶走了當時全中國的絕大多數黃金，還派飛機到上海來轟炸，炸了自來水廠和發電廠。這還不算，更嚴重的是幾乎整個西方世界都徹底封鎖中國，這對上海這麼一座原來的國際商貿大都市而言，等於是抽筋斷脈。表現在外面的圖像是，工人大量失業，物資嚴重匱乏，處處需要搶救。

掌權不久的共產黨領導人很快就看出來了，物資匱乏的問題與一批大老闆的「囤積居奇」有關，應該採取行動。

王家的家長，也就是姨父的父親，進入了首先要採取行動的名單。

他一點兒也不想為難新政權，只是出於商人的本能，決定鎖住倉庫裡的油料和紡織品，等個更好的價錢。他很清楚，上海的多數同行都會這麼做。

他沒想到，這次與他博弈的，並不是他的上海同行。

他以「囤積居奇，破壞經濟秩序」的罪名被起訴，結果判刑入獄，還被沒收了絕大部分財產。

那天審判，不在法院，臨時設在大眾劇場，報紙已經連續預告了幾天，因此前來旁聽的市民人山人海。姨媽握著丈夫的手木然坐著，感到丈夫的手冰冷，還一直在顫抖。

法官上場，被告也被押出來了。但就在這時，姨媽突然發現丈夫的手不顫抖了。扭頭一看，已經昏厥。她側身一把抱住丈夫，並向法警請求，送去了醫院。

一年後，姨媽失去了丈夫。

這就不難想像，姨媽即將到鄉下來的消息，會在余、朱兩家引起什麼樣的不安。

祖母天天在北窗口張望的那條新修公路，偶爾會開來一輛燒木柴的長途汽車。離我家最近的汽車站，是一個稻草和竹竿搭成的棚。

這天我媽媽陪著外公很早就在汽車站等了。直到太陽偏西，那輛長途汽車才到。

姨媽攙著她的兒子王益生下了車，已經累得走不動路。但是，對媽媽、外公來說，眼前這個女人，原來最熟悉的姐姐和女兒，彷彿來自如煙如霧的香色世界，已經有點陌生。

那天我也跟著媽媽去了，第一次見到了我的表哥王益生。他比我大一歲，穿一身白色的西式童裝，臉面也很白，頭髮整齊，很像我想像中的外國人。我呢，亂亂的頭髮，土布的衣服，口袋裡還鼓鼓囊囊地塞著不少剛從路邊撿來的小鵝卵石。姨媽蹲下身來看了我一會兒，然後站起身來說：「細細看，眼睛、鼻子、嘴巴，還是個上海孩子。」

媽媽說：「他是一個地道的農村孩子。」

姨媽住在外公家。外婆事先已經請同村一個本家婦女把房間打掃了，把被褥拆洗了，把能夠想得到的一切都整理好了。外婆也是從上海回來才幾年，因此很清楚最大的困難一定是廁所和洗澡。這一點媽媽也想到了，趕到朱家村與外婆一起商量了好半天，終於安排停當。

姨媽很滿意。當天實在太累，洗洗就睡了。第二天一早起來，她把表哥益生托交給外婆，說自己要去余家，拜見我的祖母。

這天正好是星期天，我不上學。

看到姨媽和媽媽相抱而哭，看到姨媽和祖母關門長談，我想，應該到外公家去陪表哥益生玩玩。

到了朱家村，我對外婆說：「外婆，我今天不找你，找他。」說著用手指了指益生哥。

益生哥奇怪地問：「找我？什麼事？」

我說：「玩。」

「玩什麼？到哪裡去玩？」他笑著問我。

我說：「帶你到山上玩。」

「到山上玩？」益生哥有點驚慌，轉眼看著外婆。

外婆立即關照我說：「益生沒爬過山，你走得慢一點。也不要太遠，到吳石嶺就可以了，不要到大廟嶺。」

益生哥一路上東問西問，什麼都好奇，我就像主人一樣一一回答著。終於見到了大山，益生哥停住步子，仰頭看了又看，眼中有點害怕，卻不講話。我帶著他走過楊家岙的東麓，往南走，往西一拐，就進了山岙。這時，他更是慌張了，但慌張得滿眼光彩。

我拉益生哥在一塊岩石上坐下，休息一會兒。

益生哥坐下後抬頭看到了上林湖，立即驚恐地左顧右盼，然後「呵」了一聲。我問他怎麼了，他說：「這地方，我夢裡到過。」

「那夢有點怕人。」他說，「也是這樣一個山岙，那邊也有一角湖，先聽到嘩嘩的水聲，有一匹石馬從湖水裡冒出來了，上面站著一個石頭將軍，很奇怪，不是騎著，而是站著。石馬一出水面，不動，突然一抖，那個石頭將軍就掉到湖裡去了。石頭將軍一掉下來，石馬就變成了活馬，朝我飛奔過來。那馬到我眼前停住了，用一種奇怪的聲音問我：『這是你的家嗎？』我沒有回答，它轉眼就不見了。」

益生哥講得我毛骨悚然。一陣風吹過來，我們倆都用手抱住了肩。

「回家吧！」我領著益生哥趕緊下山。

姨媽與祖母談完話出來，抬頭看了看偏西的太陽，就對媽媽說：「時間還早，你陪我到秋雨的學校去看看吧。」

看學校？媽媽看著姨媽的臉，突然明白了姐姐這次到鄉下來的意圖。難道，她也可能帶著兒子回鄉來住？

姨媽看到我小學的陋屋歪牆時大吃一驚。她回頭盯著媽媽的眼睛問了兩次：「怎麼，這就是小學？」

媽媽不知該不該把姨媽領進校門。幸好，校門裡正好走出一個跳跳蹦蹦的女孩子，大聲地與媽媽打招呼。

媽媽告訴姨媽，這就是我的班主任小何老師。

姨媽細細地打量著小何老師，問：「這麼年輕就做了老師，中學剛畢業吧？」

小何老師笑了：「我的小學文憑才剛剛拿到。」

姨媽緊張地看了媽媽一眼。

她已經沒有多大興趣看小學了，媽媽領著她回外公家。路上，姨媽對媽媽說：「看來，你只能在秋雨做家庭作業時多加輔導了。」

「沒有家庭作業。」媽媽說：「農民家節省，晚上捨不得點燈，老師也就不佈置了。」

「那秋雨晚上做什麼？」姨媽問。

「他可忙呢，」媽媽笑著說：「幫全村農民寫信、讀信、記工分，還要擠出時間到野地裡玩。」

「你真想得開。」姨媽說。

姨媽在鄉下只住了三天，就帶著益生哥回了上海。

剛送走姨媽，媽媽就拿過我的書包，取出幾個課本急急地翻了一遍，然後看著我發呆。吃晚飯的時候媽媽也不避我，對祖母說：「我知道在鄉下上學沒法和上海比，卻沒想到姐姐看到小學房子和小何老師的時候，那麼害怕。被她這麼一弄，我也有點害怕了。」

祖母說：「我老頭走之前，提起小孩讀書的事。後來抗日戰爭介許多年，我看來看去，大奸大惡都是讀書人。到底，還是做人要緊。」

媽媽說：「要不，夜裡不叫他寫信、記工分了？」

祖母說：「這麼小年紀天天幫別人做事，是在修菩薩道。頂多，以後不考中學了，在村裡做會計，也可以去教小學。」

我連忙搶著說：「我決定了，長大了放電影。」

「放電影？」媽媽笑著問。

「對，一輩子放黃梅戲電影，天天可以看了。」我說。

05 上海的事

我讀書早，九歲就小學畢業了。

我沒有留在村裡做會計，也沒有去學放電影。爸爸決定，還是要考中學，而且是考上海的中學。順便，履行他婚前的承諾，把全家搬回上海。

從農村搬一個家到上海定居，是一件非常複雜的事情，爸爸忙得焦頭爛額。但他覺得其中最煩難的，是我考中學的問題。

姨媽的態度最明確。她對爸爸說：「鄉下那個小學我去看過了。秋雨到了上海應該先補習一年，明年與益生一起考中學。我會仔細打聽，找一所容易考的學校試試看。」

益生哥雖然比我大，卻是按照上海規定的年齡上學的，因此反而比我低一屆。

爸爸不太贊成讓我先補習一年的做法，但又沒有把握，因此急忙寫信給安徽的叔叔，要他到上海來與我談談，作一個判斷。如果今年有希望考，那就要他對我作一些臨時的輔導。

叔叔很快就來了。他穿得非常整齊，一見面，雙眉微蹙，嘴卻笑著，說：「現在輔導已經來不及了，還不如陪你熟悉熟悉上海。」

他本來想帶著我去看外灘，但不知怎麼腳一拐，走進了他每次來上海時必去的福州路舊書店。

我第一次看到天下竟有那麼多書，一排排地壘成了高牆。

叔叔幾乎本能地朝《紅樓夢》研究的書架走去，但只瞭了一眼就說「我都有了」，便離開，到隔壁櫃檯問公元八世紀唐代書法家顏真卿的字帖。他弓下身來在我耳邊輕輕說，在所有中國古代文人中，他對這位書法家的品格最敬重。

一位上了年歲的營業員打量了一下叔叔，說：「我們最近收到了他的一部帖子，珂羅版影印的，可能有點貴，是葉家的藏品。」

葉家？那麼大的城市，那麼多姓葉的，是哪一家？營業員快速而模糊地把一家姓氏當作通用常識隨口吐出，可見這座城市是有一些驚人的家族的，能把千家萬戶都罩住了。

叔叔是在上海長大的，但此時此地也沒有勇氣去追問是哪個葉家。這就是上海。

叔叔出高價買下了那個帖子，顏真卿的《祭侄帖》。然後，他又帶著我在一排排書架間轉悠。他不斷地從書架上取下一本本書，放在我手上，給我介紹幾句。我匆匆翻一下書，傻傻地問幾句，又把書交還給他，他隨手放回書架。開始時我問得有點害羞，後來膽子大了一點，問了不少。叔叔對每個問題的回答，總是又短又快。

這天回家後叔叔對爸爸說：「他用不著補習了，今年就報考，找一個好一點的中學。」

全家搬回上海後，祖母把陳媽、吳阿姨、海姐這些老姐妹都叫來了，說的全是老話，一會兒擦淚一會兒笑。

海姐告訴祖母，姨媽為了一門心思把益生哥培養成人，不考慮再嫁。但她已經沒有穩定收入，只得瞞著親戚朋友，通過失業者服務公司的介紹，悄悄地做起了一家菜場的營業員。而且她自己要求，專做拂曉時分的早市。那是菜場最辛苦的時段，但對她來說，卻可以躲開以前熟悉的一切目光。那些目光看到的她，還是在南京理髮店做頭，在德大西菜館用餐，在原先法租界復興公園的梧桐樹下牽著益生哥散步。

她一個人過著兩種截然不同的生活，每天重複著艱難的扮演，非常勞累。

只有一位姓楊的先生，全都看到了。他先是在復興公園的林蔭道上被姨媽的美麗所震動，後來幾天他從種種跡象判斷這個女人只有一個兒子卻沒有丈夫，就開始盯梢和打聽。他會起一個大早，在人聲鼎沸、燈光幽暗的菜場裡排著隊向一位包著頭巾的女營業員買菜，但那個營業員的眼睛從來沒有抬起來看過任何一位顧客。當天晚上，他會坐在一張斜對面的西餐桌上偷看一位高雅女子在燭光下與自己的兒子輕聲講話。終於有一天，在公園的一把長椅上，他跟她開始了愉快的交談。

但是，交往幾個月後他還是被徹底拒絕了，由於他對孩子冷淡。任他再怎麼保證，都毫無用處。

祖母說著這事，歎了一口氣說：「今後要是益生對他母親冷淡，我會親自教訓他。」

叔叔顯然還掉在楊先生的故事裡，笑著說：「在上海，像楊先生這樣的男人不可多得。這樣拒絕可惜了。」

這一來，話題轉到了叔叔自己身上。祖母說：「現在你也可以在上海找一個對象了。」

叔叔說：「我已經習慣了安徽。到上海來就是看看母親和全家，再買點書，看幾部外國電影。完了就回去。」

媽媽問：「那在安徽有沒有合適的？」

叔叔靦腆地說：「在母親和嫂嫂面前我也不隱瞞了。那裡看上我的人還真不少。我宿舍外面的過道上有一個小木台，每次回家把鞋子、外衣往那裡一脫，總有人搶著把它們洗得乾乾淨淨。」

「調查出是誰了嗎？」媽媽問。

「住在我對面的同事發現了，有好幾個，有一個還是當地著名的演員。」叔叔說。

「演員？好啊！」媽媽高興起來：「是不是黃梅戲演員？」

「不是黃梅戲演員，是另外一個劇種的，但人家也是名人，我不配。」叔叔說。

第二天，叔叔就買火車票回安徽了。

我是以高分考上中學的，這讓爸爸、媽媽大吃一驚。但是，他們為了不使姨媽尷尬，只是讓經常串門的海姐順便轉告一句，我考上了。

這所中學，對我來說，連每一個細節都不可思議。花崗岩台階，大理石地面，雕花柚木樓梯，紫銅卷花窗架，窗外是噴泉荷花池。我怯生生地走進去，腳步很輕很輕。讀了一年之後，學校擴大規模，另外找了個新校址，留在原來校址的部分改了個新校名。我兩個地方都看了，經過比較，太貪戀原來校址的美麗和高貴，選擇留下。

但是，我從來不在家裡說學校裡的事情。

有一天，爸爸問我：「你們學校裡發生了什麼事？阿堅好幾天不太理我了。」

原來，爸爸的老同學、老同事吳阿堅的兒子吳傑，與我一起考上了中學。爸爸覺得，阿堅沒有別的原因突然不理他，除非是兩個兒子在學校裡發生了矛盾。

我想了想說：「可能是學校重新分班的事吧，我昨天在校門口見到吳傑，他也愛理不理。」

「什麼叫重新分班？」爸爸問。

「一個年級的十二個班級，全部按照成績重新分配。我分在一班，吳傑分在九班。」我說。

爸爸認為，這樣分班是錯誤的，既會傷害學生自尊，又會製造嫉妒和對立。因此，他立即騎上腳踏車去了我們中學。

一個小時後他就回來了，樂呵呵的。原來學校的教導主任接待了他，說他的意見是對的，會改過來。更讓爸爸高興的是，他終於知道了我的學習狀況。

他當著我的面對祖母和媽媽說：「我今天進校門，左邊牆上貼著最新語文成績排序，右邊牆上貼著最新數學成績排序，兩邊頭一個名字是相同的。」他又轉過頭來對我說：「聽你們學校的教導主任說，你還得了上海市作文比賽第一名，上海北片數學競賽第七名？」

我說：「數學競賽也不應該是第七名，我只是不明白題目上說的『燕尾槽』是什麼東西。」

媽媽笑著說：「這我就放心了。我原來擔心他在鄉下天天給人家寫信、記帳會影響學習。現在才知道，寫信鍛煉了他的作文，記帳鍛煉了他的數學。」

爸爸突然想起了什麼，對我說：「你應該主動幫幫吳傑的功課，盡量把你們的差距縮小。」

「不，不。」祖母連聲否定：「不要主動去幫。他們父子，現在頭痛的不是功課，是面子。一去幫，他們更沒有面子了。再說，我也不希望秋雨把心思放在別人的高興不高興上。」

06 饑荒

我到上海兩年後，一九五九年，一場大饑荒突然降臨。上海連摘野菜、網小魚的地方都沒有，大家乾餓著。

祖母常常會歎口氣，說：「早知道有饑荒，還不如在鄉下。」但是，後來聽鄉下親戚說，鄉下也不好。前兩年敲鑼打鼓的「大躍進」耗去了農村太多的資源，又張揚了弄虛作假的風氣，把饑荒成倍地擴大了。

家裡的稀飯越來越薄，最後，每人每頓只能分到五粒手指頭一般大的「麵疙瘩」了，吃完還沒走到學校就已經饑腸轆轆。開始我一直以為是我家的特殊情況，不敢告訴同學自己餓極了。後來才發現，大家都一樣，包括那些最典雅的老師。

典雅中的典雅是教生物課的曹老師。戴著金絲邊眼鏡，梳著很整齊的髮型，每天全身筆挺。他除了校長來聽課時勉強講幾句普通話以外，平常只講老式上海話，又夾了很多英語名詞。開課後不久就講到了早期原生動物「草履蟲」，他在黑板上畫完長圓形的圖像後，轉身便說：「這東西和我同名。」原來，他叫曹侶仲，一個很中國、很古典的名字。

一天，正是早晨上學時分，在校門東側不遠處，一個過路的中年市民咳了兩下嗓子後，吐了一口痰在地上。這種事情如果發生在校內，任何人都有權要求那個隨地吐痰的同學用紙把痰擦了。但這是在校門外，又是一個中年市民，周圍的同學們都用眼光包圍著那個人，卻不知所措。就在這時，大家聽到了熟悉的上海口音：「請大家讓一讓。」只見曹老師從上衣口袋掏出一方疊得很整齊的白色手帕，彎下腰去，把地上的痰跡擦去了。這動作震驚了所有的同學，包括那個中年市民，一時不知說什麼好。而曹老師則完全不在意眾人的目光，把那方白色手帕丟進校門口的廢物箱裡，靜靜地進了校門。

我們原先背地裡都叫他「草履蟲」，從這件事情之後，全都改口叫曹老師了。我相信，只要是我的同學，不管是哪個班的，直到今天垂垂老矣，也沒有一個人會有隨地吐痰的習慣。曹老師那方白色手帕，實在是擦乾淨了一大批人的人生。

但是，饑荒來的時候，曹老師卻遇到了一次重大打擊。那天，就在曹老師曾經用白手帕擦痰的地方，出現了一個賣烘紅薯的小攤子。一個半身高的泥爐子，當場烘烤著紅薯，那香氣，簡直能敵過千軍萬馬。以前也有這種小攤，為什麼沒有這麼香呢？這個小攤的烘紅薯賣得奇貴，每天早晨小攤的周圍都擁擠著密密層層的人群，卻很少有人掏錢購買，大家都在聞香氣。其中，多數是我們學校的同學。

攤主一開口，就讓同學們大吃一驚。他說：「你們學過物理了嗎？香氣也是物質，你們再聞我要收錢了！」

他居然用那麼斯文的語言嘲諷饑餓的學生，這話被正好過路的曹老師聽到了。曹老師立即上前揀起一枚烘紅薯讓他秤。

攤主像珠寶商一樣小心翼翼地秤過，便報出了一個價錢。曹老師二話不說就把一張大面值的鈔票付給他，他開始低頭找錢。這時，曹老師發現那枚烘紅薯上有一塊癜，便順手換了另外一個。

攤主正將一大把找零的錢數給曹老師，卻聽得有一個旁觀者揭發，紅薯已經換了一個。攤主立即來了精神，搶回曹老師手中的紅薯再秤，分量果然比剛才秤的重了一點點，就揚起嗓子大喊「小偷」，拉著曹老師的手要去派出所。

這麼小的事情一下子鬧得這麼大，也只有一個原因，那就是全民性的饑餓。只是有同學說，那個向攤主揭發的人，正是不久前隨地吐痰的人。

派出所的員警一聽便說：「這算不了偷竊，不是派出所管的事，有爭執找居民委員會調解吧。」

居民委員會的老大爺、老大娘聽完兩方敘述，讓曹老師按照後一個紅薯的分量把錢補足了，就算解決了問題。他們看了一眼跟來跟去的一大群民眾，又覺得居民委員會有責任站出來為曹老師講幾句話。

第二天一早，學校大門口就貼出了一份居民委員會署名的佈告，上面寫著：

昨天在中學門口發生的紅薯事件，不屬於偷竊性質。曹侶仲老師只是因為饑餓而偶犯小過，已在本會幫助下補錢改正，特此說明。

校長一看，立即命令撕掉，但已經來不及了，全校師生幾乎都已經看到。不管多少人安慰曹老師，他還是決定不再上課，只願在總務處做一個辦事員。

這件事之後，所有的人不再掩飾饑餓。

饑餓會導致水腫，水腫的特點是用手指按在另一隻手的胳膊上，陷下去的指凹一時彈不回來。與我同桌的萬同學每天一早總是來按我的胳膊，然後說：「還腫，還腫。」我伸手去按他，他一笑，說：「也腫，也腫。」

就在最饑餓的日子裡，我收到叔叔從安徽寄來的一封信。信是寄到學校的，這很奇怪。我拆開才知，他是不希望祖母、爸爸、媽媽看到。

叔叔的信很厚，其實是寫給北京國務院的，要我抄寫三份，每隔一星期分三次寄出。他焦急地向北京報告，安徽農村的災荒非常嚴重，很大程度上被隱瞞了。北京領導來視察時，當地官員臨時把各處還沒有成熟的莊稼「移植」到路邊，掩蓋了真相。這就大大加劇了災情，已經有不少人餓死。更嚴重的是，當地官員又扣下了一切寫給北京中央領導機關的信。

扣下後發現是報告災情的，還會查驗筆跡，找出寫信人，進行處罰。

因此，叔叔採用了經由上海「曲線投寄」並由我重新抄寫的方式。

我覺得這件事分量很重，回家後立即像做家庭作業一般，埋頭抄寫。抄著抄著，我發現了一個熟悉的名字，叔叔指名道姓地控告了一個掩蓋災情的當地官員，居然就是江斯達！

江斯達，這位最早在上海吸引叔叔參加革命、並把叔叔帶到安徽的好友，已成了安徽一個地區的主要行政官員。他掩蓋災情的行為一定是得到了省裡領導的指令，但在叔叔看來，這也不可容忍。

我抄寫了三天。這三天，我像是進入了洞窟修煉。我看出來了，叔叔原信的筆跡間有點點淚痕滲化墨水，於是我也時時抬起左手擦一擦眼睛。

我站起身來走到外間，祖母看我神色有異，問：「這兩天功課很難？」

我說：「對，又深又難。」我照叔叔的囑咐，把那些信每隔幾天一一寄向北京。

三個月後，叔叔來信告訴我，上次的事產生了效果。北京派人到他們那裡調查，開大會時表揚當地「敢說真話」的人。表揚時還特地加了一句：有人甚至連續幾次「借道上海」投寄舉報信。

接下來是長達半年的調查。叔叔在一次發言中被調查組人員猜出是寫信人，叔叔沒有否認。調查的結果是，安徽的省委書記被撤換。叔叔揭發的老朋友江斯達，受了一個記過處分。他還特地把叔叔請到辦公室，對他的揭發深表感謝。

叔叔覺得這位老朋友畢竟有胸懷，因為他知道，安徽有一些地方曾經給揭露災情真相的人戴上「右傾機會主義者」的帽子進行批判，有的甚至被劃為「後補右派分子」，都沒有平反。

但他不知道，在這些人中間，有一位將會成為他侄子的岳父。

同一場饑荒，同一個省份，可惜我未來的岳父馬子林先生沒有一個外省的侄子可以代為抄寫舉報信寄到北京。他只是當著官員的面直接發言，揭露他們掩蓋災情，被戴上了「後補右派分子」的帽子。

既然我叔叔的舉報獲得了表揚，我岳父的發言怎麼還會成為罪狀呢？

原來，岳父是一個黃梅戲劇團的編劇，出了「發言事件」之後，地方官員夥同幾個文人一起檢查岳父以前寫的每一個劇本，把劇本中一些古人說的話分析成「有敵視現行制度的嫌疑」，而且，一再把劇本中反面人物的台詞說成是岳父的「心聲」。結果，他的罪狀似乎已經與那次發言無關，而是在於「反動劇本」。

在這裡，自然災害已經變成了人文災害。我妻子，就在這雙重災害的夾縫中出生。災難，是我們這代人的共同宿命。

饑荒終於過去了。幾頓飽餐竟然讓我們覺得很不好意思。

年輕的生命永遠是不可理解的奇蹟。明明面黃肌瘦地餓了好幾年，一旦得到澆灌，立即變得神采奕奕。女同學本來已經長大，現在營養剛剛跟上，便亭亭玉立地成了天然美女，走到哪個朝代哪個國家都毫不遜色。男同學們不知從什麼時候開始渾身爆發出一種青春豪情，學著男子漢的沉穩步伐天天討論著天文地理，深信自己的學識一定不會低於地球任何一個角落的同齡人。畢業時拿過學校發下來的報考大學目錄，一頁頁翻完，再看背面還有沒有，只嫌「夠得上自己水平的大學」太少。當時的中國和世界，都互相關閉著。

我和兩位最要好的同學相約，三人以抽籤分工，分別考全國最難考的理科、醫科和文科高校，目的是二十年後再聚，就能知道世界的全部了。我不幸抽到文科，那年全國最難考的文科高校是上海戲劇學院。抽到理科的那位同學考的是清華大學，抽到醫科的那位同學考的是第二軍醫大學，也都是當時最難考的。在上海戲劇學院的課堂上，緊坐在我邊上的同學叫李小林，著名作家巴金的女兒。但當時巴金的日子已經不太好過，班主任盛鐘健老師輕聲地告訴我，巴金在一九六二年五月的一次會議上公開揭露，中國作家處於提心吊膽之中，不可能創作出像樣的作品，主要是因為有一群「到處亂打棍子、亂扣帽子」的所謂「批判專家」。他指的是張春橋和姚文元，但當時這兩個人正受到上海最高領導柯慶施的信任。巴金的發言連美聯社也報導了，他的命運可想而知。

這也算是我進入大學的第一課。我終於知道天下有一種人，專以批判他人為生，把自己打扮得好像在與強大的黑暗勢力鬥爭，其實真正擁有權力背景的恰恰是他們。因此，他們是恃強淩弱的「偽鬥士」。

我再一次問盛鐘健老師：「巴金的發言是在一九六二年五月？」

盛老師說：「對。」

這正是饑荒最嚴重的日子。我的叔叔就在那時揭露了饑荒的真相。巴金先生，在同樣的年月揭露了「文化饑荒」。我當時就想，這就是勇敢和崇高。

這年我剛滿十七歲，不知道天下的很多勇敢和崇高都面臨著風暴。

第三部

01 大民主

人生中，會有這一天。

就像一隊人長途趕路。在這天之前，你是一個被牽著走的人，跟在後面的人；在這天之後，你變成了一個攙扶別人的人，走在頭裡的人。

這是一個「成人禮」，卻沒有預告。

我的這一天終於來到了。

爸爸讓我牽住了全家人的手。但抬頭一看，前面的路沒了。

那是一九六六年八月的一天傍晚，我從學校回家。

爸爸小心地看著我，目光有點躲閃，嘴角有點笑意。好像做錯了事，又好像要說他沒有做，卻不知如何解釋。這神情，使我和他的關係突然產生了逆轉。

爸爸掃了我一眼，對祖母說：「阿堅揭發了我。」

「阿堅？」祖母問：「他揭發你什麼？」

爸爸支支吾吾地說，吳阿堅揭發的是歷史問題。說是共產黨剛剛解放上海的幾天之後，有一個人在路邊拿出小本子寫了一句反共的話給大家看，爸爸看了，卻沒有把那個人扭送到公安局。

爸爸說，阿堅已經把這個揭發寫成大字報貼了出來。

祖母立即問：「照阿堅的說法，他自己也看到了，為什麼不扭送？」

爸爸苦笑一下，說：「這是每次政治運動的規則：他一揭發我，自己就安全了。」

「這個黑良心，還是眼紅我家。」祖母說：「你先定下心，看他怎麼鬧。」

「沒法定心了。」爸爸說：「一人揭發，大家跟上。所有的老朋友都爭著劃清界線，大字報已經貼了一大堆。」

「老朋友？揭發什麼？」祖母問。

爸爸突然語塞，低下了頭。

祖母看了我一眼，輕聲問爸爸：「是不是真有什麼把柄？」

「沒，沒有！」爸爸連忙辯解。他以最快的速度掃了一眼媽媽，說：「也有大字報說我岳父是地主，是賭徒，還把大姐的公公判刑的事聯在一起了。」

媽媽皺起了眉頭。祖母的眼光立即從媽媽臉上移開，緊接著爸爸的話頭問：「他們有沒有揭發你父親抽鴉片？」她要把話題從朱家挪回余家。

「那還沒有，恐怕快了，阿堅一定會揭發。」爸爸說。

「他揭發？那鴉片是在哪裡抽的？鴉片館是誰開的？你也該反過來揭發他！」祖母說到這裡突然噎住了，搖搖頭，歎口氣，說：「別，我家不做這樣的事，到死也不貼別人大字報。」

這時媽媽抬起頭來，問爸爸：「這麼亂貼大字報，大家都咬來咬去，胡言亂語，你們單位的領導也不管一管？」

「領導說了，這是大民主，群眾的大鳴大放，任何人都可以站出來打倒別人，中央提倡的，誰也阻擋不了。」爸爸說。

「大民主？」媽媽疑惑地看著我，希望這個已經成為大學生的兒子能給她解釋幾句。

我看著媽媽，搖搖頭。這時我發現，爸爸和祖母也都在眼巴巴地看著我。

——在我家出現的，是一場當時被稱為「無產階級文化大革命」，後來又被簡稱為「文革」的政治運動。

爸爸最想知道的問題，不是吳阿堅為什麼要揭發他，而是執政者為什麼要搞「文革」。

當時所有的報紙天天都在回答這個問題，說發動「文革」是為了「清除睡在身邊的赫魯雪夫」。赫魯雪夫是蘇聯元首，他清算了他的前任史達林。這使中國元首產生了擔憂，怕在自己去世後也出現這樣的清算者。對於這種說法，爸爸就聽不懂。他想，既然睡在身邊，伸出手去就能一把抓住，多麼簡單的事，為何要把這麼大的中國都搞亂？

兩個自稱從北京來的高幹子弟，站在街邊的一條長凳上在發表演講。他們先介紹了自己的父親是誰，一個是副總理，一個是大將。接著他們甩了幾下拿在手裡的皮帶，就像甩鞭一樣。他們說，躲在中央的赫魯雪夫，由全國各地的很多小赫魯雪夫保護著。他們又說，共產黨的幹部絕大多數都爛了，對勞動人民實行法西斯專政，因此必須全國造反奪權，實行大民主。接著，他們又舉起拳頭喊了很多口號。

這些口號乍一聽全是「反政府言論」，但政府的報紙也都漸漸這麼說了。我聯想到叔叔寫信投訴的那些隱瞞災情的幹部，覺得真該用民主的辦法好好整治一下。但是，眼前的事實很快否定了這個想法。爸爸不僅不是赫魯雪夫，他連一個科長都不認識啊。

原來，政治口號只是一種引爆，僅僅幾天，就成了一種全民性的互鬥互咬。

全民性的互鬥互咬，是天下最大的人文災難。政客和政策可以起起落落，並不重要，我看到的是，人性深處的惡獲得了全面的鼓勵、釋放、凝聚、擴散，並固定為生態習慣。這是人文災難的狂歡儀式，幾十年都清除不了。

與爸爸談話的第二天一早，我又回到學校。學校已經停課，很多同學開始造反，紮著塑膠皮帶到處貼大字報，滿臉悲壯地宣稱「捨得一身剮，敢把皇帝拉下馬」，好像明天就要拋頭顱、灑熱血。但是這種「造反」恰恰是中央發動的，而攻擊的對象卻是走投無路的弱者。因此，所有的造反派都是恃強淩弱的「偽鬥士」。

我今天走進教室，心裡忐忑不安。不是怕別的，是怕一句粗話。「文革」爆發以來，造反派對父母親被打倒的同學，都叫「狗崽子」。從此，由人類學進入動物學。我低著頭，不敢看別的同學，只敢慌張地看我的鄰座李小林一眼。

李小林也看了我一眼。我立即直覺到，她也恐懼著，而且恐懼的內容和我差不多。

原來，李小林的爸爸巴金當初揭露的「偽鬥士」張春橋、姚文元，這時已經高升到北京，參與領導全國的「文革」。因此，上海作家協會的作家們心領神會，聞風而動，紛紛貼大字報、寫文章揭露巴金的「歷史問題」，說他是「反共老手」、「黑老K」、「為帝國主義提供反華炮彈」……。在家裡，巴金的妻子看到報紙上有其他作家批判丈夫的一篇篇文章，就藏來藏去不讓丈夫看到，而巴金也做著同樣的事，藏著報紙不讓妻子看到。

不久，巴金在北京的朋友、另一位作家老舍也出事了。那天，一位與他差不多年紀的老作家，當著一群中學生的面憤怒揭發老舍的「歷史問題」：在美國時領過美元稿酬。中學生起哄，老舍當天就投水自殺了。他沒有力量與眼前這些已經「大民主」了的作家和學生辯論：在人民幣還沒有創立的時代，美國無法用它來支付稿酬。

我正呆呆地坐著發愣，忽然聽到教室樓下有人在高喊我的名字，聲音有點耳熟。到窗口一看，是高中的兩個老同學，一個姓許，一個姓萬。好幾年不見了，我趕緊下樓，拉他們到操場邊的草地上坐下說話。

他們很焦急，說是昨天回了一次母校，發覺我們中學裡的老師至少有一半都有了「歷史問題」，貼滿了大字報。

教英語的孫老師在抗日戰爭中擔任過美軍翻譯。大字報說，他很有可能順便做了美國特務；

教歷史的周老師的祖父考上過清朝進士。大字報推測，極有可能見過慈禧太后，既然見了就一定有政治勾結；

教地理的薛老師在課堂上說法國地圖像男人的頭，義大利地圖像女人的靴，卻獨獨把中國比作動物，說是像一隻大公雞，顯然是漢奸；

教生物的曹老師的「歷史問題」在時間上最近，那就是他在饑荒年代偷竊過烘紅薯；

……

我一聽，說：「這一定是教師們互相揭發的。你們想，曹老師的烘紅薯事件，後來的小同學們怎麼知道？還有，什麼美軍翻譯、清朝進士……」

許同學說：「現在最麻煩的是孫老師，美國特務，不能回家了，關在生物實驗室的一個籠子裡。」

「籠子裡？」我驚叫一聲。

我們三人，花了一個小時想出了一個營救方案，並立即實施。他們兩位到街上買了兩個造反隊的袖章戴上，回到中學，冒充畢業生要「揪鬥」孫老師。中學生造反隊畢竟是孩子，看到兩個戴著造反隊袖章的老校友站在前面，已經矮了半截，提出可以用一百張寫大字報用的白紙換出孫老師。

我的那兩個老同學一聽有門，就假裝認真地與他們討價還價，結果只用了三十張白紙，孫老師就轉移出來了。

「好險！」事成之後的一星期，他們又來找我，慶幸地說：「如果再晚一天，這樣的事就做不成了。現在中學裡已經成立了教師造反隊，接管有歷史問題的教師。」

他們告訴我，教師造反隊的司令，就是曹老師。他實在受不住「偷竊烘紅薯」這個罪名，乾脆成立了一個「紅薯造反隊」。旁人一聽，以為是郊區農民揭竿而起。這在上海是稀奇事，因此在全市造反派聯合會議上讓人高看一眼。

曹老師當了造反司令，會怎麼樣呢？我們又為孫老師擔憂起來。萬同學的家離中學最近，我們要他常去看看。半個月後他又來找我了，說孫老師不僅沒事，而且也參加了紅薯造反隊。這麼一個上了年紀的老師戴著造反隊袖章，看上去非常古怪。

「是不是曹老師想用這種方法保護孫老師呢？」我問。

「有可能。很多老師都參加了紅薯造反隊，因此也有對立的造反派刷出標語，說紅薯造反隊應該改名為黑薯造反隊。曹老師厲害，到我們勞動過的青浦農村拉了一個老農民來做副司令。那個老農民站在凳子上用誰也聽不懂的鄉下話亂喊幾聲，對方就不吭聲了。」萬同學說。

「你見到曹老師了嗎？」我問。

「我到他的司令部去找過，沒見著。」萬同學說：「只見那個老農民縮在牆角打呼嚕。」

這幾天下來我突然明白。「民主」前面加一個「大」，就變成了「群眾運動」。「群眾」聽起來很大，誰也不敢阻擋，其實又很小，每一個人都有資格這麼叫。結果，一種「以小變大」的魔術出現了：任何人只要一說自己是「群眾」，什麼行為都被允許，旁邊的人一起哄，更是成了「民心」、「民情」、「民意」。我眼前的一切殘暴、死亡、荒唐，都這樣產生。如果想自保，只能像曹老師，加入這種風潮。

我老實的爸爸，怎麼能領悟「大民主」的這種秘密？

他狠命地要把老朋友們揭發的「歷史問題」一個個說清楚，每天寫著交代，一疊疊地交給造反派。造反派收下後叫他再寫，卻從來沒有看過一頁。他早就患有糖尿病，眼睛本來不好，這下眼疾大大發作，沒法再寫了。他要我代他寫，我本想勸阻，卻擋不住他近乎懇求的目光，就拿起了筆。

爸爸在我面前慢慢敘述著。我覺得，這已經不是爸爸向造反派的交代，而是上一代向下一代的交代。爸爸因眼疾要不斷地用手帕擦眼淚，但也有可能是真哭。那些舊事，那些辛酸，那些死亡。

媽媽和祖母都在裡屋。有時她們會突然說出一個短句來糾正爸爸的回憶。爸爸一怔，說：「你們還沒睡？」

那時節已是深秋，窗外常常響起很大的風聲。

一疊疊交代材料絲毫也沒有改變爸爸的處境。後來有一個叫趙庸的同事揭發他十四年前曾為私營企業家說過好話，爸爸辯解說那話是當時的陳毅市長說的。造反派說，陳毅也要打倒了。爸爸順嘴說了一句，對這樣的老人不應該「過河拆橋」。

爸爸的話剛落音，造反隊裡一個戴黑邊眼鏡的圓臉小個子男青年突然站起來，用尖厲的聲音問爸爸：「你這句話，主語是誰？你是說誰對陳毅這樣的人不能過河拆橋？」

這個戴黑邊眼鏡的圓臉小個子男青年經過層層分析，嚴密地證明：有資格把陳毅這樣的大人物當作一座橋可搭可拆的，只能是最高領袖。

因此，爸爸的罪名重了，當即就被關押起來。

好一個「主語」！當造反派一戴上眼鏡，語法也就變成了刑法。

這種「刑法」有一個最大的特點：一個人一關押，「廣大人民群眾」在一天之內就能提供大量罪證，而且條條都「怵目驚心」。連平日看起來最木訥的老大爺，都能隨手扔出好幾顆定時炸彈。媽媽去探望爸爸後回來說，爸爸的問題非常嚴重，看來已經沒救了。至於到底什麼問題，造反派不肯說。

爸爸被關押在他們單位的一個小房間裡，只有星期天看守人員休息時才被允許回家拿點衣物。工資停發，每月發二十六元人民幣的「生活費」，這是當時全國「被打倒對象」的統一標準。為什麼是二十六元？很可能是每天一元，再扣去四個星期天。

當時我家是八口人。祖母、爸爸、媽媽、我、三個弟弟，再加上表妹。用每月二十六元要在上海這樣一座城市裡養活八口人，將會出現什麼情景？

首當其衝，當然是極度的饑餓。媽媽每天都在尋找著家裡一切可賣錢的物件。這樣的物件不多，主要是她當年的陪嫁。其中有一些，還是外公、外婆結婚時留下的。媽媽知道每一件東西的來歷，晚上背著祖母，摸著、掂著、捂著，有的還在自己的被窩裡放一夜，第二天藏藏掖掖地去了舊貨市場。那時候舊貨市場的收購價低得難以想像，媽媽常常在那裡放下、拿回，再討價還價好幾次。每次都以失敗告終，她極其疲憊地走進了食品店。

那一點點食品，放在飯桌上誰也不動。祖母乾脆說生了胃病，躺在床上。我怕面對這種情景，盡量賴在學院裡不再回家。

這天，一個同學告訴我，我的媽媽找到學院來了。我連忙朝同學指的方向趕去。媽媽連我中學的門也沒有進去過，怎麼到大學裡來了？我有點驚慌。

當時的學院一片混亂，高音喇叭播放著刺耳的「革命樣板戲」，到處都是標語、大字報。這是我天天熟悉的環境，但此刻只想快速穿過，不要讓媽媽看到這一切。

路邊有一位瘦瘦的老教師站在凳子上示眾，口裡不斷說著「我諷刺，我諷刺……」已經第二天了。我希望媽媽千萬不要走過來。

這位老教師姓徐，早年是美國耶魯大學的留學生，「文革」一來自然也成了「被打倒對象」，每月領二十六元生活費。那天他突然貼出一張大字報，說對於自己這樣需要改造思想的人，一個月發二十六元的生活費實在太高了，根本用不掉，不利於改造。他詳細列出了前幾個月自己每一項生活開銷，一算，每月只要十八元。

按照當時的風氣，這張大字報一定會引來一個新標準，每月生活費會減為十八元，從我們學院推廣到全上海、全中國。幸好，徐先生讓造反派嫉妒了。「怎麼，他比我們還要革命？」於是，造反派命令他站在自己貼出的那張大字報前，不斷地說自己是「諷刺」。

媽媽沒有迎過來，她靜靜地站在一道竹籬下。竹籬上纏著藤蔓，藤蔓下是一排泛黃的青草，青草間有不少很大的鵝卵石。這讓人想到家鄉。朱家村、余家村的路邊，都有這樣的竹籬，那年媽媽出嫁，轎子走的就是這樣的路。

現在，她一個人站在竹籬邊，等著她的兒子。

媽媽見到我的第一句話是：「你沒東西吃了，我知道。」說著就把一張早就捏在手裡的紙幣按在我手上。

我不敢問這錢是賣了什麼東西換來的，只把它擋在媽媽手裡。媽媽沒再推，也沒把手縮回，兩隻手就這樣隔著一張紙幣握在一起了。

媽媽說，她今天到學院來找我，是因為昨天晚上與祖母商定，只能向安徽的叔叔求援了。

「家裡斷炊那麼多天，不得不開口了。但這信不能我寫，由你寫，下一輩，方便一些。」媽媽說。

很快她又加了一句：「不能讓他太著急，你寫得委婉一點。」

我說，我很快就寫。

媽媽抬起手捋了捋我的頭髮，說：「那我回去了，我實在受不住你們的高音喇叭。前天我到關押你爸爸的隔離室去看他，窗外也全是這個聲音。說是樣板戲，鬧死了！聽戲是開心的事，哪有拎著別人的耳朵強灌的？」

我知道，媽媽心中的戲，是她喜歡的越劇《碧玉簪》，是叔叔喜歡的越劇《紅樓夢》，更是全村喜歡的黃梅戲《天仙配》。那些清澈神秘的夜晚，悠悠揚揚的聲音。

媽媽走了一會兒，我突然想起忘了關照她，千萬不要在鄰居面前說「樣板戲」的長長短短。

媽媽一定不清楚，由極左派扶植的「樣板戲」已經不是戲，而是「文革」的圖騰、政治的祭器，不能隨便指點。就在媽媽來學院的半個月之前，我的忘年之交、著名戲曲史專家徐扶明先生，好心地從藝術上評說了一句，「樣板戲中《紅燈記》不錯，《海港》不行。」就被一個叫曾遠風的文化界同行揭發，說是「攻擊樣板戲」，立即遭到關押，情景比爸爸還慘。

好在，媽媽沒有地方可以議論。自從爸爸出事後，她與鄰居不再交往。

02 同一個省

因「樣板戲」而入罪的事，上海不止一件，報紙都報導了。大家一看才明白，這場帶著「文化」之名的政治運動，現在果真猙獰到了文化。

當時上海的報紙是直接覆蓋鄰近省份的。安徽，我叔叔所在的安徽，聽到風就是雨，比上海更猙獰。

有人揭發，那位主演了電影《天仙配》的黃梅戲演員嚴鳳英，也曾經「攻擊樣板戲」。嚴鳳英在觀看樣板戲《沙家濱》時說，這個戲後半部分「太長，有點悶」。就是這短短的評論，引來了同一個劇團演員們的輪番批鬥。

她沒作任何答辯，吃驚地看著這些天天一起演唱「樹上的鳥兒成雙對」的小兄弟、小姐妹，不知他們怎麼突然變成了這副模樣。

幾次批鬥會後，她看了看院子裡密密層層的大字報，回家抽了一堆香煙，然後拿起水杯，吞食了一大把安眠藥，自殺了。

造反派斷言嚴鳳英的自殺是一種挑戰，並由此作出決定，文化藝術界的鬥爭要進一步深入。

於是，同一個省的另一個黃梅戲劇團的一個「後補右派分子」，又一次被列為重點批判的對象。

他面臨的必將是眾目睽睽之下的當街批鬥。他只擔憂，自己的三個孩子看到父親被捆綁在大街的高台上受盡污辱，會不會對人世種下太多的仇恨？他與妻子商量很久，決定把孩子趕緊送到一個陌生的農村去，他們認識一個上街來的農民。

孩子們被一輛牛車拉到了一個不近的村莊。最小的一個是女孩，才五歲，好奇地看著一路野花。那些日子，過得又苦、又野、又快樂，只是她一直奇怪：爸爸、媽媽怎麼把我們忘了？

正是這個小女孩，二十年後將主演長篇電視傳記片《嚴鳳英》，播放時全中國萬人空巷。這是一部迄今為止為數不多的徹底揭示「文革」災難的大作品，嚴鳳英自殺前頭髮飄亂、雙眼逼視，穿過螢幕質問著二十年後的山河同胞。這樣一部作品很難想像能夠被批准播放，但在八十年代卻奇蹟般地被通過了。全國觀眾和專家一次次投票，都毫無分歧地把全國電視「飛天獎」和「金鷹獎」的最佳女主角獎，授予那位年輕的演員。

她就是我的妻子馬蘭。

嚴鳳英去世時，五歲的小女孩馬蘭並不知道城裡的父母在受難。同樣，當時的我，也不知道安徽的叔叔在受難。嚴鳳英、我的岳父、我的叔叔，幾乎都是同齡，又在同一個省。

媽媽囑咐我寫的那封求助信，已飄飄蕩蕩地向叔叔飛去，而那時的叔叔，正求助無門。

叔叔所在單位的造反派，也因受到嚴鳳英自殺事件的波及，正在尋找文化藝術方面的「階級敵人」。可惜那裡完全沒有這方面的人物，因此就把經常喜歡向年輕人講述《紅樓夢》的叔叔，當作了「疑似敵人」。

這個地區的領導人就是叔叔的老朋友江斯達。當時江斯達還沒有被打倒，為了不讓造反派的矛頭指向自己，也出席了第一次批鬥叔叔的會議。後來有人說，江斯達此舉，可能還出於對叔叔幾年前舉報他隱瞞災情的不滿。

這次批鬥會的主題是「狠批封建主義大毒草《紅樓夢》」。當時，無論是造反派還是江斯達，都不知道毛澤東喜歡《紅樓夢》。當然，我叔叔也不知道。

按照慣例，批判一定引來揭發，一個與叔叔同樣著迷《紅樓夢》的朋友在會上高聲揭發，叔叔曾在一次讀書會上說到，《紅樓夢》的主角賈寶玉與書中寫到的一位演員蔣玉菡，可能是同性戀。當時的中國人基本不瞭解同性戀，斷定叔叔在散佈下流色情。

叔叔被拉上了一輛垃圾車，掛著牌子遊街示眾，牌子上寫著六個字：「《紅樓夢》，同性戀」。在當時，民眾看遊街示眾是一件樂事，每一次都人山人海，一個個踮著腳，伸著脖子，指指點點，像過節一般。這麼愛乾淨的叔叔坐在垃圾車上被那麼多人觀賞，他覺得是奇恥大辱，便把頭低下，卻不小心發現街角有一個年輕女子在觀看。

這位年輕女子，就是叔叔給媽媽提到過的那位演員。此刻她態度冷漠，沒怎麼看叔叔的臉，卻目不轉睛地看著叔叔胸前牌子上的六個字。

叔叔的目光快速從這個女子身上移開，心想幸好這個女子最近沒有來給自己洗衣洗鞋。叔叔抬頭注視街邊密密層層的民眾，突然不覺得有什麼奇恥大辱了。他從上海西郊一個丹麥人住宅的地下酒窖出發來到這裡，家裡的親人都不知道這裡什麼樣，卻都知道這是他的地方。他為這裡的民眾做了多少事，這個秘密只有一個人清楚，那就是江斯達，但前幾年，他又為了這裡的民眾把這個人得罪了。他冒險上書北京，只想把這裡的民眾拉出災難，但眼下，他們全都興高采烈，成了自己的災難。他閉上了眼，任垃圾車搖搖晃晃，滿腦子都是那個丹麥人住宅的地下酒窖。

叔叔那天晚上就割脈自殺。那個揭發他的朋友正從窗前走過，發現情況不對，與別人一起破門而入，把叔叔送到醫院。搶救回來才三天，叔叔第二次割脈，又被搶救，因此有了第三次割脈。

當時我寫給他的求援信，他沒有收到。幾天後，他們單位通知了我家。媽媽和祖母決定瞞過我們下一代，兩個人坐火車去料理後事。

祖母怔怔地看著自己最小兒子的遺體，又橫了一眼四周密密麻麻看熱鬧的人群，拉了拉媽媽的手，要她別再哭下去。

沒有人理她們，在一片冷臉中操持完火葬事務，媽媽捧著叔叔的骨灰盒，與祖母一起走在寒風凜冽的江淮平原上。祖母臉色木然地看著路邊的蓑草荒村，心想，這就是他的土地。老娘我夜夜做夢都在猜測這片土地的模樣，猜測他不願離開的理由。現在，終於離開了，還是跟著娘。

祖母對媽媽說：「讓我捧一會兒吧。」

媽媽猶豫了一下，恭恭敬敬地把骨灰盒遞到祖母手上。祖母抱過後停住了腳步，對媽媽說：「你看我這個女人，一輩子都在送走一個個兒女，現在連最小的一個也捧在手上了……」

「姆媽！」媽媽輕輕叫一聲，雙手扶住了她。

祖母還是無淚。她說：「現在只剩下志敬一個了，千萬要讓他活下來。」

她們一腳高、一腳低地走到了火車站。

火車開動後，她們從車窗裡看到，有一個男人慌忙從月台上跑過來，看著這趟列車，雙手拍了一下腿。

祖母說：「這個人很像江斯達，他怎麼會這樣老了？」

「江斯達？」媽媽問：「他跑來幹什麼？」

後來馬蘭聽我講叔叔在安徽自殺的事，每次都心事重重。她覺得，應該為叔叔做點事。

「他太孤獨了。」馬蘭說：「這片土地不應該這麼對待他。」

就在叔叔去世二十五週年的忌日裡，黃梅戲《紅樓夢》在安徽隆重首演，產生爆炸般的轟動效應。這齣戲獲得了全國所有的戲劇最高獎項，在海內外任何一座城市演出時都捲起了旋風。

全劇最後一幕，馬蘭跪行在台上演唱我寫的那一長段唱詞時，膝蓋磨破，鮮血淋漓，手指拍擊得節節紅腫，每場演出都是這樣。

所有的觀眾都在流淚、鼓掌，但只有我聽得懂她的潛台詞：剛烈的長輩，您聽到了嗎？這兒在演《紅樓夢》！

03 那個冬天

叔叔的死亡使余家的生計失去了最後一個希望。

祖母與媽媽一起，想到爸爸單位去，要求他們看在全家要活下去的份上，多發一點生活費。但她們一去，正遇上批鬥爸爸的群眾大會。

她們從門縫裡看到，爸爸站在台上被一個正在發言的批判者推了一個踉蹌，台下所有的人都暢懷大笑。坐在第一排的是爸爸的老朋友們，笑得最開心。

「都是奸臣！」祖母在回家的路上氣鼓鼓地對媽媽說。這是她一生用過的最壞詞彙，是從老戲裡看來的。她說：「這幾個老朋友，明知我們全家有那麼多人，已經活不下去……」

我聽媽媽說了這個過程，覺得申請增加生活費的事，應該由我來做。

我打聽了一下，爸爸單位的造反派歸屬於「工總司」，全稱「上海市工人造反總司令部」。這個「工總司」可厲害了，幾乎已經掌管全上海的各行各業。它的司令叫王洪文，後來高升為中國共產黨的副主席。當時「工總司」的成員號稱有上百萬人，但我家裡人一個也不認識。

百般無奈，我只得去找那兩位來往較多的中學老同學。他們說，曹老師的那個「紅薯造反隊」地位太低，領導他們的最高司令部設在上海師範學院。如果疏通了關係，可能與「工總司」說得上話，幫一把我家，每月增加幾元生活費。

我想到中學裡還有一位不同班的張姓同學考上了上海師範學院，可以找到他問問看，認識不認識司令部的任何一位首領。當時這些首領，其實也是學生。

到了上海師範學院，很快找到了那個張同學。他告訴我，造反司令部今天正在禮堂裡召開批判大會，他可以領我去看看。他還說，有一個姓金的首領聽起來有點學問，可能與我談得上話。

那個批判會氣勢不小，禮堂四周的走廊上都擠滿了人。張同學告訴我，他們學院的造反司令部管得了全市十多所大學，因此台上那個女主持人並不是他們學校的。

我抬頭一看，台上那個女主持人雖然穿著一身假軍裝，還戴著軍帽，卻非常漂亮。漂亮是一種遮蓋不住的能量，再遠再隔，也能立即感受到。可惜她參加了造反派，看上去還是一個首領。

我所在的戲劇學院由於專業原因，美女雲集，但居然沒有一個美女是造反派，真是奇怪。後來造反派掌權，她們也只是跟著跑而已。怎麼這個美女在這兒破了例？

我帶著這個疑問盯著她看了一會兒。她嘴裡吐出來的也是流行的豪邁詞句，不同的是，她的嗓音並不尖厲，而是用了中音，這就立即使語流顯得寬鬆了。身邊的張同學還在向我介紹，這個人是財經學院的造反派首領，學英語的，所以作風比較自由，大家都喜歡聽她講話。

美麗的女主持人講話不多，她的任務是引出今天批判大會的主角，那個姓金的首領。主持人說他是造反司令部的常委，但說出來的名字聽起來很奇怪。我便扭頭問張同學：「他叫什麼？怎麼聽起來那麼特別？」

張同學笑了，說這個人就喜歡玩詞彙。「文革」一來他改名為「金文革」，後來又改成「金立新」，一個月前改為「金奪權」，今後還不知會改成什麼，所以大家乾脆叫他「金萬名」。

金萬名上台了，戴著塑膠眼鏡，看上去年齡比高年級學生還大一點。他一開口就說：對於學校裡的反動學術權威，我們過去主要批判他們的「反動」，而沒有戳穿他們「學術權威」的假象，這種情況到今天結束了。他說，他要從幾個文科教授的著作中找出一大堆文史差錯，讓他們原形畢露。

說著，他一揮右手，大聲叫出一個我們以前似乎聽到過的名字：魏金枝。一個教授就被推搡著出來，低著頭站在台的一角。與此同時，有一個造反派學生搬著一堆書籍、雜誌、教材放到講台上，金萬名拿起其中一本，翻到夾著紅紙條的地方，開始「咬文嚼字」。每咬幾句就舉起手來喊口號：「魏金枝不學無術！」「魏金枝濫竽充數！」

但是，他把「濫竽」的「竽」讀成了「竿」，台下一片噓聲。

金萬名側著耳朵聽清了下面的叫嚷聲，決定不予回答，便厲聲勒令魏金枝教授下去。接著，他又大聲喊出了另一個要押上台來的教授的名字，我分明聽到：「余鴻文！」

余鴻文，我家遠親，我祖父和外公的同學，我爸爸媽媽的結婚介紹人，還是我已故叔叔的《紅樓夢》教師，是他嗎？今天的批判會是很多大學聯合舉辦的，他屬於哪個大學？

我踮腳看著台角，是他。他走出來的樣子，與剛才那位魏教授完全不同，顯得很平靜。金萬名看著他，覺得這神態有問題，卻又說不出什麼，只是用手指點著他，說聲「你——」，沒說下去。余鴻文先生朝他禮貌地點了點頭，等著他的批判。

「你這本《紅樓夢講義》，我翻了翻，至少有一百個問題！」金萬名開始了。

「這門課還沒有來得及給你們講。」余鴻文回答道：「什麼時候復課了，我可以幫你們一一解答。」

「我要你今天就講清楚！」金萬名厲聲說。

余鴻文先生說：「這門課需要兩個學期。你是說，今天就開始復課？」

全場一片笑聲。很多同學隨之起身，會開不下去了。

我連忙往前擠，想找到余鴻文先生，告訴他，我叔叔死了。

但是，人太多，我擠不過去。等到人散光了，我回過頭來找領我來的那位張同學，也找不到了。

在劇場門口不遠處，我看到有一堆人圍著，走近一看，是一批學生圍著那位美麗的女主持人。她已經脫掉軍帽，知道自己漂亮，不斷地左顧右盼，還朝我點了點頭。

我也朝她點了點頭，站住，想聽她在說什麼。她對眼前的幾個學生說：「你們的意見是對的，我作為主持人很抱歉。今天的會議證明，學生造反派已經無法把大批判進行下去了。所以我已經聽到消息，工人造反派即將進駐大學。」

說完，她以一個向後撩長髮的大動作，捋了捋已經剪短了的頭髮。她被軍裝遮蓋著的婀娜身材，展現無遺。

這半天讓我明白，企圖托請高等學校的造反司令部去跟工人造反司令部聯繫，提高一點爸爸的生活待遇，是一個夢想。像金萬名這樣的人，一旦遇上爸爸單位裡戴黑邊眼鏡的圓臉小個子男青年，爸爸不可能再有一點點活路。再說，聽那個美麗的女主持人講，工人造反派不用去找了，他們自己很快就會進駐學校。

說時遲那時快，工人造反派真的要進駐大學了。

最早證實這個消息的，居然是很久沒見的姨媽和益生哥。

那天他們敲開門，讓媽媽和祖母呆了好一會兒。

突如其來的災難會讓人全神貫注，徹底忘卻遠親近鄰。媽媽伸出手去抓住了自己姐姐的手臂，這是她過去沒有做過的動作，而且她的手還在微微顫抖。她怎麼能說得清，自上次分手之後，爸爸被關押了，叔叔自殺了，家裡斷炊了。所謂「恍如隔世」，就是眼前的情景。

姨媽是興高采烈地進來的，見到媽媽和祖母的神色，連忙問：「還好嗎？你們還好嗎？」

祖母掃了媽媽一眼，說：「好，好，來了就好。你們好些日子沒來，一下子沒回過神來。嘿，益生越長越登樣了……」

姨媽這些年不能提益生哥，不管是別人提還是她自己提，都會神采飛揚地滔滔不絕。她連忙接過祖母的話頭：「是啊，登樣是登樣，麻煩也來了。跟著我上一趟南京路，一路上女孩子都在瞄他，我走在後面一個個地看，沒有一個配得上他。上海的小姐怎麼越來越醜了？昨天他在廠裡聽說，工人都要去領導大學了，裡邊有一所上海戲劇學院，正是秋雨的學校。我想，戲劇學院裡該有不少像樣的女孩子吧，所以今天來問問秋雨，去得去不得。」

姨媽這些年，說話，越來越靠近上海的小市民婦女了。照媽媽和祖母現在的心情，更是聽不下去。

益生哥沒有考上大學，而且成績差得很遠，這使姨媽非常傷心，曾經到我家來大哭一場。益生哥去年到了上海機床廠當了翻砂工人，照今天姨媽的說法，他要成為工人階級的一員來領導大學了。

這是「文革」中的黑色幽默之一。所謂「工人階級進駐大學」，其實就是前兩年的落榜生到工廠轉了一圈，踏進校門成了領導人。領導人與被領導人的唯一差別，就是中學裡的成績。

「我媽是說笑。」益生哥看著我說：「我是想問問你，像我這種文化程度不高的人到了你們大學能做什麼事呢？」

「領導階級鬥爭。」我說。

「那我不能去。」益生哥說，「階級鬥爭我最搞不懂，我爸爸一直算是不法資本家，我怎麼一年工夫倒成了領導階級？」

他又問我：「到其他大學也一樣嗎？」

我說：「一樣。都停課了。」

他說：「那我哪個大學也不去了，老老實實在廠裡翻砂。」

就在這時，媽媽已經把姨媽拉到一邊坐下，把我們家這段時間發生的事簡單說了一下。姨媽一聽，騰的一下站了起來，驚叫：「什麼？志敬關了，志士沒了？」

媽媽和祖母，一人拉一隻手，把她按回到椅子上。

姨媽臨走，還在媽媽耳邊歎了一聲：「原來以為你的命運比我好呢，唉！」

姨媽和益生哥來過後不到一星期，工人果然進駐了我們學院。他們打的旗號是「工人毛澤東思想宣傳隊」，簡稱「工宣隊」。其實「宣傳」是假，掌權是真，他們一進來，學生造反派就沒權了。

與學生造反派不同，工人掌權者不打人、不罵人，但是極端主義的路線一點兒也沒有變，反而用一種平靜的行政方式固定下來。被學生造反派「打倒」的教師和幹部，本來還心存僥倖，這一下就完全失望了，因為工人掌權者對他們一一成立了「專案組」，開始了冗長的審查。

從這些工人，我常常聯想到益生哥。他沒有到我們學校來，在姨媽看來是少了一條求偶之路，因此我就比較留意這些工人在這方面的動向。讓我驚訝的是，男工人對於我們學院表演系的女生還只敢斜眼偷看，而那些從紡織廠來的青年女工對表演系的男生卻沒有那麼矜持，總是死死地直視著，還紅著臉，好像馬上就要談婚論嫁。這些青年女工，其實都是同廠的男朋友帶來的。那些男工人一生氣，就以更嚴厲的手段來對付學校裡的所有師生了。

那些男工人大多把頭梳得很亮，叼著香煙，講一口帶著很多髒字的「上海里弄普通話」，即使在說一些革命字句的時候也是這樣。我很想舉例引述一句，但實在髒得無法下筆。不管是男工人還是女工人，從服飾到伙食都比學校師生闊氣得多。這就是「無產階級文化大革命」的法定主角。

看著這些工人掌權者，我想，人文災害和自然災害一樣，常常產生於「地球板塊的反常移動」。如果這些工人不到大學裡來當領導，至多也就是工廠裡一群遊手好閒的浪蕩子，作不了那麼多惡。泥沙就是泥沙，揚到天上就成了公害。

讓工人來管大學，其實就是否定大學。果然，那些工人宣佈，所有的大學生都下鄉勞動，中學生也要去。去多久？回答是一輩子。從此不用讀書了？回答是，農民就是教師。

這是中國自從四千多年以前進入文明社會之後，第一次因為非戰爭原因而全面廢學。中國人歷來重視文教傳代，這下，家家戶戶都痛徹心扉。

但是，就在這時，上海的一個話劇團突然上演了一齣叫《邊疆新苗》的戲。這齣戲，用一串生動的故事證明學校是害人的，文化是坑人的，教育是騙人的，年輕人應該全部到邊疆去，那裡是比任何家庭都溫暖的地方。這齣戲被當時上海造反派中管文化的頭目徐景賢看中，下令每個家庭都要觀看。

上海的絕大多數家庭都不瞭解農村，更不瞭解邊疆，看了這齣戲，很多家長雖然將信將疑，卻也鬆了眉頭。不久之後，孩子們在荒無人煙的窩棚邊朝著上海方向哭喊著爸爸、媽媽，再哭罵著那個劇作者的名字。但是，呼嘯的大風，把他們的聲音全堵住了。

我們家是從鄉下來的，當然不相信戲裡的胡言亂語，但是並不拒絕下鄉，因為在上海已經活不下去了。到農村，總能吃到一口白飯。

我們家第一個下鄉的是表妹，到安徽的一個茶林場。怎麼又是安徽？全家人心裡一顫。二十年前叔叔從殯儀館把她抱回余家的情景誰也沒有忘記。叔叔當時曾許諾為了養活她寧肯終身不婚。果然終身不婚，已經死在安徽，而她居然又到安徽去了。

媽媽、祖母，包括還被關押著的爸爸，都把表妹去安徽的事當作大事。好像是在告慰叔叔，全家把能夠扣得出來的最後一點點物資，都塞在她簡陋的行李中了。

表妹走後，家裡更沒吃的了。未成年的大弟弟經一位老師傅的幫助，出海去捕魚。兩個年幼的小弟弟下鄉「學農」，家裡只剩下了媽媽、祖母和我。我下鄉的日子也已經定下，還要過兩個月。

但是，這兩個月，我又何以為生？媽媽、祖母只能靠大弟弟的捕魚所得餬口了，但那是極其微薄的，我怎麼能去搶這一口？

學院裡一位姓王的工人給我介紹了一個去處。說是復旦大學中文系有一位叫胡錫濤的青年教師要給《文匯報》社寫一篇評論俄羅斯戲劇表演理論家斯坦尼的文章，但他不懂表演，想請我們學院的徐企平老師提供一點資料。我如果陪著徐老師一起去，說不定能夠在報社食堂免費吃飯。

與預期的不同，報社食堂吃飯不能免費。二十歲的我實在熬不過那種要把人逼瘋的饑餓，猶豫再三，做了很丟人的一件事：紅著臉向徐企平老師、胡錫濤先生和報社的編輯借飯票，我心裡知道，這種「借」不可能償還，其實是乞討。胡錫濤先生還曾經要我為他的評論文章寫一個初稿供他參考，我「借」了人家飯票很難拒絕，但又不會寫當時流行的那種批判式字句，因此一拿出來就被胡錫濤先生「槍斃」了。這是我意料中的，而真正無法對付的是每天的饑餓。因此，一天天扳著指頭計算著下鄉的日子。有時實在餓得頭昏眼花了，就到陽台上大聲朗讀英語。那時候，如果朗讀我喜歡的中文文章，很可能被誰揭發批判。

終於熬過了兩個月，下鄉的日子到了。我到家裡與媽媽、祖母告別，祖母拉著我說了一段話。這段話，使我「霍」地站起身來，對這位已經七十六歲的老長輩看了又看。

祖母說：「既然都到別的鄉下去了，為什麼不回自己家鄉？都是農村，為什麼分散到天南地北？你爸爸以後放出來，也不會有像樣的工作了，乾脆都回去一起務農。上海是來錯了，算是繞了一圈，我再帶回去。」

她又說：「可惜家鄉的老屋太舊了，住不得人。我先回去張羅張羅。憑這張老臉，請村裡的後生補磚、添瓦、換梁、塞漏。這事有點急了，但現在家裡拿不出錢買火車票。要是再年輕一點，我走都走去了。」

我連忙對祖母說：「再等幾天。聽說我們到農場勞動，會發幾個錢。我只要拿到一點，就立馬寄過來，給您買火車票。」

整個談話，媽媽都沒有搭腔，兩眼看著窗外。這時她突然轉過身來，看著祖母，想說什麼又頓住了。

媽媽從椅子上站起身來，祖母也站起身來。

媽媽叫了聲祖母「姆媽」，然後說：「那年我們結婚，您特地陪我到鄉下去住，一住十年。這次志敬還關著，我不能陪您到鄉下住了。您，一個人，沒有錢，七十六歲……」

媽媽是想忍住不哭的，但哪裡忍得住。沒有大聲，只是嗚咽著，整個後背都在抽動。祖母撫著她的背，我也過去按著她的肩。只是我自己也站不住了，抽出一隻手捂著嘴。

三個人，只有祖母穩穩地站著，卻不再說話。

我知道，這麼冷的天下鄉，至少要準備一身厚一點的棉衣、一雙橡皮底的棉鞋。自從表妹下鄉後，家裡連一個小棉團都找不到了，但媽媽還在無數次重複地翻找。

那天我把自己喜歡的兩疊書捆了起來，媽媽按住我的手說：「這不能賣，我再想別的辦法。」

祖母走過來說：「不賣就買不來棉襖。要讀書的人，總會有書。」她又轉過頭來關照我：「你再挑挑，留下幾本吧。」

我挑了幾本留下，還是捆了兩疊送到廢品回收站去了。秤書的是位老大爺，瞄了我一眼，問：「下鄉？」我點頭，他秤完說：「二元八角。」隨手遞給我三元，還捂了捂我的手。

聽說八仙橋一帶有便宜的衣物賣，就匆匆趕去。問了幾家，我既要買棉襖，又要買棉鞋，最便宜的也要四元。那天正下雨，上海冬天的雨，最讓人受不了，濕黏黏地滲透到骨頭縫中，渾身存不下一絲熱氣。我在冷雨中從八仙橋往西走，希望能找到一家更便宜的，但是，一直走到徐家匯，還是沒有找到。

徐家匯有一家第六百貨商店，門口掛著油膩膩的黑色棉簾子。我已經走得很累，心想這是最後一家，如果還是買不到，只能到了農場再說了。

撩簾進去，找到賣棉衣的櫃枱，正想彎下腰來看標價，一個女營業員就衝著我叫了一聲：「啊呀，你都淋濕了，要感冒的，趕快擦一擦！」說著遞過來一條乾毛巾。我接過乾毛巾，說聲謝謝，便抬起頭來看她。

她比我媽媽稍微年輕一點，一臉平靜，就像廟裡觀音菩薩的雕像。「下鄉？」她也只問我兩個字。

簡短有一種奇怪的力量，我立即對她說：「我只有三元錢，想買一套厚棉襖，一雙橡膠棉鞋。」

她微微皺了一下眉頭，想了一會兒。突然她問：「工廠的野外工作服可以嗎？是次品，我給你配。」沒等我回答，她就轉身去了倉庫。

那天傍晚我提著不小的衣包離開時，還幾次回頭。記住了，冷雨中的第六百貨商店，那油膩膩的黑色棉簾子。

04 裸體

我們到農場那天，正下大雪。我小時候在農村都沒有碰到過這麼大的雪，看不見房，看不見樹，看不見路，只是一天一地的白色漩渦。原以為看不見的東西是被大雪蓋住了，等到在漩渦裡掙扎了很久才發現，其實地上真的沒有房，沒有樹，也沒有路。

終於走到了大地的盡頭，前面是一個冰封的湖。湖邊有一些蘆葦，我們要在蘆葦蕩邊搭建自己的宿舍。沒有磚瓦，只用泥土一方方夯緊，壘牆，蓋上稻草，算是房了。然後每人分四根竹子往泥地上扎，到扎不下去的時候就在上面擱一塊木板，這便是床。

兩個軍人指揮著這一切，這裡是軍墾農場。

搭建了宿舍，軍人宣佈，我們的任務是砸冰跳到水裡去，挖起湖底的泥，一點點壘堰，日積月累，在湖中開出一個新的農場來。而且，說幹就幹，立即跳下去。凍僵的腳在水底被蘆葦根割得鮮血直冒，還沒有感覺。

從水裡上岸，還是一片滑溜溜的污泥塘。大家不斷摔跤，爬起來又摔。就在這時，我腳下的奇蹟出現了：只有我，穩穩地走著，不摔跤，還可以去攙扶這個，拉拽那個。一開始連我自己也有點吃驚，但立即就明白了，這是童年的歷練，幼功未廢。

我正是在這樣的泥路上赤腳長大的。不是家裡沒有鞋，只是太享受赤腳在泥塘裡滑溜的痛快。沒想到那麼多年過去，家鄉和童年，還被我帶在腳下。我由於這點本事，立即在「難友」間建立了威信。

農場給我們每個人發了一點錢，可以購買一些日用品。我一拿到，就立即全數寄回上海，祖母應該已經買了火車票回到家鄉。我猜得出她要做的第一件事，那就是拉一個鄰居小孩陪著，到吳石嶺去上墳。那兒，有她的老伴，我的祖父，還有她的一堆孩子，包括不久前去世的叔叔。

「集合，集合！」這是管我們的排長在喊。他姓陳，一個樸實的軍人，與我們已經很熟。他說，來了一個副營級的年輕軍官，要對我們這些大學生訓話。

我們在坑坑窪窪的泥地上排好隊，那個瘦精精的年輕軍官踱著步子站到一個泥堆上。他板著臉、壓低了嗓門說：「大學生，沒什麼了不起。請誠實回答，你們蠢不蠢？」

一片沉默。

「我再問一遍：你們蠢不蠢？」

「蠢——」大家懶洋洋地拖著音，不知道他在玩什麼幽默花招。

他來勁了，再問一句：「你們傻不傻？」

「傻！」大家突然明白該怎麼回答了，喊得迴腸盪氣，像是在高聲歡呼。

「那好，」他得意地宣佈結論了：「你們現在要全體脫褲子——」他故意在這兒停頓，雙目炯炯地掃視了大家一遍，男女同學面面相覷。幸好他終於說完了全句：「割尾巴！割小資產階級的尾巴！正是這條尾巴，讓你們又蠢又傻！」

他說完就轉身走了，步態矜持而快速。大家立即笑成一團，包括陳排長。

大家打聽，這個軍官姓什麼。陳排長說，好像姓齊，大家都叫他齊營副，名字搞不清。

這事當天就被羅股長知道了。羅股長是正營級，即刻勃然大怒，當著我們的面說：「什麼東西，敢到我這裡來敲鑼賣糖！成天騙人家說自己是大學生，現在一見到真的大學生，就來訓話過過癮。還當著女學生的面說什麼脫褲子，我哪天非派幾個戰士真把他的褲子脫掉不可，拖到這裡叫他示範！」

我們想像著那個瘦精精的齊營副一絲不掛地站在土堆上的樣子，很痛快。

大家笑瞇瞇地看著羅股長，覺得他真做得出來。羅股長扭頭對陳排長說：「別受他干擾。今天倒有正事，上級來通知，收繳大學生行李中一切不符合毛澤東思想的書。明天就辦。」

這是一個晴天霹靂。我們下鄉，知道是一輩子的事，都帶了一些書，防止自己真的成了農民。這些書，有哪一本符合當時的政治標準呢？第二天，兩隻裝滿書的水泥船離開農場要到縣城去焚毀的時候，大家都在水邊默站著，就像送別自己的靈柩。

後來知道，每個人都想方設法為自己留下了一、兩本。我看到陳排長嗜煙如命，就向一位抽煙的同學借了一包煙，塞給他，順便也就留下了一部丁福保編的《全漢三國晉南北朝詩》和一部黑格爾的《歷史哲學》。這兩本書，正是那天我到廢品回收站去賣書前，按照祖母的指令留下來的。

陳排長把那包香煙塞進口袋，緊張地拿起這兩部書胡亂地翻看了一會兒，便問：「裡邊有沒有反對毛主席的話？」

我說，沒有。

「有沒有反對林彪副主席的？」

我說，沒有。

「有沒有反對解放軍的？」

我說，沒有。

「你保證？」

我說，我保證。

農活，沒有一個季節有空閒。我的肩，一直血肉模糊，因為天天有重擔在磨，癒合不了。但是農活也有一個好處，那就是一旦下手就牽腸掛肚。天天去看秧芽活了沒有，禾苗站住沒有，水溝滲漏沒有。過一陣，又去看稻子抽穗沒有，穗子飽了沒有……為了這個，還要朝朝觀雲，夜夜聽風，像是著了魔，差一點把外面的政治運動忘了。有時，把家裡的傷心事也忘了。

終於到了潮汛季節，農場的堤壩受到了嚴重威脅。那天傍晚傳來警報，東北段的堤壩已經出現險情。我一聽大事不好，立即招呼二十幾個夥伴飛速跑去，到了那兒正遇到決口。這一決口，整個農場都會淹水，我們所有的勞動全泡了湯。我二話不說就縱身跳進水裡，二十幾個夥伴一起跟著跳了下來，我們緊緊地挽著肩膀，用身體堵壩，不讓決口擴大，一直等到部隊和農民趕來。我們被拉上岸來的時候已經凍僵，被送到宿舍後，一個叫沈立民的盲人夥伴，用雙手把我們的身子一一按摩回暖。

我在身子暖過來之後躺在床上，突然對於自己縱身堵壩的行為產生了後怕。倒不是怕死，災難年月大家對生命看得不重。我怕的是，一旦自己出事，爸爸、媽媽、祖母和弟弟怎麼辦？

由於這件事，農場認為我們是「英雄」，正逐級上報，準備頒獎。與報紙上經常宣傳的英雄相比，我們的動機、動作和效果都與他們差不多，唯一的區別是我們還活著。就在這個時候，從剛剛修復的堤壩上開來了一輛吉普車。我以為是報社記者來採訪「英雄事蹟」了，但很快發現不太像。

還沒有來得及打聽，它又開走了，卻抓走了一個學生。兩天後，又來了一輛吉普車，又抓走一個學生。

兩個被抓走的學生，原來都是學生造反派的首領。這些天，還有不少上海工人乘長途汽車到縣城，然後一批批朝農場趕來，他們也是來審查學生造反派的。

學生造反派，本來在學校裡是我們的對頭，但到農場後天天一起勞動，早已沒有對立，成了朋友。想想也是，他們當時「造反」，只是響應上級號召罷了。我們不接受他們，也只是不理解上級號召罷了。現在上海的工人掌權者要大規模地整治他們，我們的立場立即站到了他們一邊。更何況，與我一起跳到洪水裡去以身堵壩的二十幾名夥伴中，有十個是原來的造反派。我們早已「生死與共」。

突然傳來消息，三連正在審查著的一個學生造反派首領，跳水自殺了。死者是女生，審查她的是上海財經學院的一個工宣隊員，農場方面就讓那個齊營副配合。他們兩人一星期來天天輪流找她談話，結果給談死了。各連學生一聽說，義憤填膺又同病相憐，立即就趕到了三連。

出了人命，羅股長顯然急了。他用手指著齊營副和那個上海來的工人，厲聲問：「你們說，到底查出了她什麼問題？」

那個工人支支吾吾地說：「只說她在造反派中被人家叫外交部長……」

邊上的學生立即大喊：「這是同學間開玩笑，他們上綱上線！」

羅股長立即明白是怎麼回事了，鐵青著臉上前一步，說：「我還被老戰友叫過總統呢，你來抓吧！」

正在這時，一個胖軍醫從掛在一角的草簾子裡出來，說：「所有的男性都走開十米，轉過身去，留下四個女同學幫她換衣服！」

我們立即轉過身去，走開幾步，站住。女生不是留下四個，而是擁擠著一個也沒有走。她們很快自動地圍成了一個圈，組成了一堵人牆。這人牆很厚，有好幾層，密密層層地護衛著自己的夥伴，最後一次更衣。

更衣的過程很長，大家屏息靜候。

終於，胖軍醫的聲音從腦後傳來：「大家可以轉過身來了。現在要有四名男生與我一起，搖船把她送到縣城。」

那位已經停止呼吸的女同學躺在擔架上，頭面乾淨，衣著體面。她非常漂亮，直到此刻，表情也沒有任何異樣。但我覺得她的臉在哪兒見過。對，一定見過，讓我想一想……她，她不就是在上海師範學院那個大會上的女主持人麼？

什麼都想起來了，女中音，用大動作撩頭髮，還朝我點了點頭。正是她，宣佈工人造反派即將進駐大學，而置她於死地的，正是這些進駐者。

此刻，她比那天還顯得漂亮，我知道原因。那天她穿的是沒有腰身的軍裝，而今天換上的，是一身最合身、也最普通的上海女裝。她這一身，把周圍所有女生寬大而破舊的勞動服全都比下去了。女生們早已忘記了自己也有這樣的服裝，今天由她一穿，全都驚醒了。她，成了大家的鏡子，照出了一個個漸漸陌生的自我。

當然，我想，剛才女生圍著她更衣的時候，還曾被她的膚體驚醒。突然全裸在姐妹們面前的銀白色，更是一面鏡子，映出了生命的真相。

在這面鏡子前，哪有什麼派別，哪有什麼「文革」？

擔架上了船，很快解纜啟櫓。岸上的男女同學都在岸邊跟著船跑，卻沒有任何雜音。

從第二天開始，羅股長派人調查女學生自殺的具體原因，上海財經學院的那個工人和農場裡的齊營副，老老實實接受一遍遍詢問。

據他們兩人說，這個女學生，由於經常主持大會，出頭露面，擁有大量追求者，在上海高校造反派首領中就有五人。這次，他們每個人都「揭發」了她。

對於她的死因，那個工人和齊營副都說不明白。三連的同學們說，他們兩人也有疑點。那個工人到農場後一見她那麼漂亮，眼睛都直了，談話時只問她與那幾個追求者的關係，問得越來越細緻，越來越下流，有兩個同學偷聽到了。至於那個齊營副，白天輪不到他，只能在晚上把她帶到大堤邊，迎著月光坐在土堆上，不知談了些什麼。

這情景我一想便知。很多劇團動手打那些女演員的，主要是暗戀她們的人。批判某位作家的，多數是這位作家的崇拜者。半是追慕半是破壞，通過損害來親近心中的偶像。

人間的多數災難，表面出自惡，實際出自愛。

這個女同學一死，整個農場很久沒有回過神來。

「那裸體……」女生們一遍遍回憶著。

「那裸體……」男生們一遍遍幻想著。

男生宿舍裡，開始講一些奇怪的故事，聽下來，都與裸體有點關係。

我講的故事是真實的。後來看到有人寫過類似的小說，不知是巧合，還是傳出去了。

一個極其炎熱的夏天，一個離我們農場不遠的小鎮。一位剛過門不久的少婦在屋子裡洗澡，很多窗戶裡的眼睛在偷看。這在居住擁擠的小鎮夏日，是天天發生的事。那年月家家都沒有浴室，也不習慣裝窗簾，不看人家洗澡還能看什麼？但這位少婦實在是過於妖嬈了一點，她丈夫才特地裝了個窗簾。

這天，少婦已經從木桶裡站了起來，慢慢地擦乾了身子，一轉身發現沒拉窗簾便輕輕地驚叫了一聲。隔壁的丈夫聽到叫聲走進屋子，對窗的偷看者全都躲過了身子，只有一個小學教師，還在發傻。

本來這只是一個最小的笑話，但這時「文革」已經開始，正找不到鬥爭對象，剛剛也在偷看的幾個人就站出來，與那個丈夫一起，把小學教師當作了「壞分子」，拉到街邊示眾。這幾個人，也順便算成了小鎮的造反派。

小學教師不知所措地站在那裡，四周有很多人圍著，問長問短。

「不怪他，是我自己沒拉窗簾！」那個少婦突然出現了。她帶來了一大罐子水給小學老師喝，還拿起一把芭蕉扇，為他打扇。

這情景一時引起轟動，半個小鎮的人都擠過來看。少婦的丈夫十分生氣，要拉少婦回家，兩人當眾發生了激烈爭吵。

連續送了幾天水，打了幾天扇，吵了幾天架，結果是離婚。

幾乎全鎮的人都覺得，這位少婦應該與小學教師結婚。

少婦去找了那幾個與自己前夫一起造反的男人，說：「我與小學教師結婚後，總不該再叫他壞分子了吧？天下哪有偷看妻子洗澡而成為壞分子的？」

那幾個男子說：「還是壞分子。因為他偷看時，你們還沒有結婚。」

結婚之後，這位少婦成了「壞分子家屬」。她的這一身份的全稱是：一個偷看過老婆洗澡的壞分子的臭老婆。

但是，這對新婚夫婦過得很好，天天形影不離地從街上走過。妻子叫丈夫「壞分子」，丈夫叫妻子「臭老婆」。叫久了又嫌長，一個叫一聲「壞——」，一個叫一聲「臭——」，在大庭廣眾中互相招呼，格外親熱。

街上的老人看著他們說：「只要是漂亮人，什麼帽子戴在頭上都好看。」

「你這個裸體太保守了。」同宿舍的一個男同學聽完了我的講述，笑了一聲。「我的裸體事件壯觀極了，是我在雲南農村的同學寫信來說的。」

他說，上海的一批青年學生到了雲南山區後，一個個分散住在山民家裡，日子過得非常艱難，又非常寂寞。好像男生只能娶那家山民的女兒，女生只能嫁那家山民的兒子，至多在自己的小村莊裡尋找，除此之外山高路遠。更麻煩的是，按照農村的習慣，他們都已到了婚嫁的年齡，不能再等了。就在這時，縣裡突然召開了一次「上海知識青年大會」，一切都改變了。

每個青年學生都是趕了很遠的山路才到達縣城的。縣裡的幹部在會上說什麼，他們一句也沒有聽進去，男同學都熱辣辣地看著女同學，女同學都熱辣辣地看著男同學。

開完會，誰也沒有回到山民家裡，整個兒集體失蹤。縣裡以為他們偷偷回了上海，派人到上海一家家找，也不見影子。周圍一切可疑的地方全都找遍了，去找的人一次次都搖頭而歸。

直到半年後，一個獵人說，在一座荒山的半山腰裡，飄出了炊煙。那座荒山過去安紮過土匪營寨，只有一條險道能上，現在已被巨石堵死。

縣裡派出民兵前去偵探，連續三次都沒有上去，直到第四次增加人手才把那方巨石移開。

民兵是輕手輕腳一步步摸上去的，到了上面只見一塊不小的平地，種了莊稼，養了雞鴨，卻不見人。悄悄地走近一所倉庫一樣的房子，從門縫裡一看，都呆住了：幾十個男女青年，全都徹底裸露，白生生的，在裡邊歡樂。

「確實壯觀！」男生們聽了一致叫好。

就在這時，一個剛剛出去上廁所的同學回來了。他一進門就把食指擱在自己的嘴唇前，要大家不要再高聲。接著，他指了指門口，又用手掌輕輕地貼了貼耳朵，表示外面有人在偷聽。

幾個男生說：「聽故事就進來吧，別鬼鬼祟祟！」

那個剛進來的男生告訴大家，在外面偷聽的，是齊營副。聽說是他，兩個男生追出去。但是，只看到他快步離開的背影。大家說，他一定去彙報了，明天我們會挨批評。

但是，第二天我們沒有挨批評。中國發生了一件大事，半夜緊急傳達文件，全體軍人都到師部開會去了。

這就是發生在一九七一年九月的林彪事件。

毛澤東發動「文革」的主要標誌，是讓林彪替代劉少奇成了全國的第二號人物。現在傳來消息，連林彪也反對「文革」，企圖出逃國外，機毀人亡。

雖然聽起來疑竇重重，但連傻瓜也知道，這件事情是多麼重大。

我對政治素來毫無興趣，但這天晚上卻和同學們坐在農場田埂上談開了。中心話題是：

出了這個事件，年邁的毛澤東一定氣壞了。現在的第二號人物已經變成周恩來，周恩來這人看起來比較溫和，他會贊成全國繼續廢學停課，讓我們一直待在農村嗎？而且，「文革」還搞得下去嗎？

最粗糙的判斷有時是最準確的。我們很快接到通知：全部回上海，一天也不能停留！軍人們快速調集來一批船隻，排列在我們開挖出來的河道口。我們在一個場地集合，回頭看看農場。這裡的一切都是我們親手打造的，哪怕是一根木樁、一片竹林、一條小溝。這個農場會留給誰呢？不知道。

突然記起，這個集合的場地，正是那次齊營副問我們傻不傻、要我們脫褲子的地方。抬頭一看，今天齊營副恰好也在，像當年一樣，踱著步子。一個同學衝著他高聲喊：「齊營副，要不要和我們一起到上海去？」只見他像是完全沒聽見，依舊深沉地踱著步。

上船了。就在這裡，兩船要去焚燒的書籍，一位要去焚燒的女生，逶邐遠去。今天，我們所有的人都走了。

船到一處，再步行很久，去趕火車。快如行軍般地回到上海，卻沒有任何機會通知家裡。家，很久沒見的家，怎麼樣了？

家裡只剩下了媽媽一人，但我不知道她在不在。傍晚時分進的門，我小心翼翼地踩踏著一級級樓梯，不知道該響一點，還是該輕一點。響了會嚇著她，輕了也會嚇著她。

我以前走這個樓梯，從來不用去抓兩邊的扶手，「噔、噔、噔」，就上下了。但今天為了放輕腳步，背上又有行李，就伸手去抓扶手。剛一摸上去，就覺得上面有一層灰塵。媽媽是一個勤快的人，以前經常會擦拭樓梯扶手，現在肯定很久沒擦了。我立即就猜出了原因：一擦就有等待，她已經關閉等待。

我抓著扶手走了幾級，一抬頭，看到一個不可思議的景象：家裡那張八仙桌，四周無人，卻在自己移動！

我停住腳步，定睛再看，桌子還在移動。

連忙跨上兩步，終於看清，卻又驚訝得說不出話來。原來媽媽鑽在桌子底下，用肩膀馱著桌子在挪步。

桌上擱了好幾碟蔬菜，還有小小的燭台和香爐。原來她是在獨個兒祭拜余家祖宗。她想把桌子移到陽台門前，沒有人幫她，只能採取這個辦法。

媽媽算得上一個現代知識婦女，過去對祭拜的事並不熱心，只是跟著祖母在做。但現在余家只剩下了她一個人在守門，她扛起了修補余家香火的祈願。

我怕嚇著媽媽，沒有立即上前幫忙。媽媽把桌子放穩了，正要低頭鑽出來，卻看到了我泥漬斑斑的腳。

她驚叫一聲，抬起頭來。

我伸出雙手彎下腰去，卻不知怎麼跪了下來。
媽媽！

05 稍稍打開的窗

當天晚上就知道了，我在農場期間，爸爸單位的造反派已經下台，一些老幹部在掌權，但他的問題還沒有解決。爸爸平時可以回家，一有「風吹草動」，還要去單位報到，接受關押。

現在掌權的老幹部，在「文革」初期也是與爸爸一起被「打倒」的。為什麼他們沒事了，爸爸還有事？到底什麼事？

我怕觸動爸爸的傷心處，沒敢問。

過了兩天我試探性地問爸爸：「什麼叫風吹草動？」

爸爸說：「不大清楚，好像是指外面的階級鬥爭形勢。」

我順手拿起桌上的一張報紙，說：「現在外面的階級鬥爭形勢是，連美國總統尼克森都要來了！」

尼克森是一九七二年二月下旬到上海的，離林彪事件還不到半年。周恩來要與他在錦江飯店談判，他的車隊從西郊賓館出發，要經過南京路。

那天我回家，看到爸爸、媽媽都準備出門。

尼克森的來到，就是爸爸上次所說的「風吹草動」，而且是大吹大動。爸爸作為被審查對象，有破壞嫌疑，必須到單位關押。這對他來說早已不用做什麼準備，心情輕鬆地坐在一邊等媽媽。他單位正好在南京路，可以與媽媽一起走。

媽媽為什麼要去南京路？是為了站在沿街的窗口歡迎尼克森。這不是出於對他們的信任，而是看上了他們對南京路沿街住戶的陌生，因陌生而構成安全制衡。

我問媽媽：「上級對你們提過什麼要求嗎？」

媽媽說：「已經到居民委員會開過會。一要防範有人向尼克森車隊開槍，二要防範有人與尼克森車隊聯絡。」

爸爸笑了：「第一種防範，是把尼克森當國賓；第二種防範，是把尼克森當敵人。」

媽媽說：「還規定了，三分之二的窗關閉，三分之一的窗打開。我幸好分在關閉的窗裡。」

我問：「為什麼說幸好？」

媽媽說：「打開的窗子裡要揮手，很麻煩。規定了，不能把手伸出去大揮大搖，因為他們是帝國主義；也不能不揮，因為他們是毛主席的客人。」

「那怎麼揮？」爸爸好奇地問。

媽媽說：「居民委員會主任已經作過示範。不伸手臂，只伸手掌，小幅度地慢慢搖擺。面部表情不能鐵板，也不能高興，而是微笑。」

爸爸按照這個標準練習起來。媽媽說：「你不用練，你的窗戶一定關閉。」

正說著，陽台下有人喊媽媽。我伸頭一看，下面很多中老年婦女已經集合，中間還夾雜了一些老年男人。

爸爸、媽媽下樓了。我在陽台上聽到居民小組長在說：「你們兩個都去？太好了，我們正愁人數不夠。」

爸爸說：「我還有別的事，只是順路。」

我暗笑，「別的事」，就是去關押。

在爸爸、媽媽的窗口下經過的尼克森，與周恩來簽署了《中美聯合公報》。世界局勢和中國局勢，轉眼間就發生了重大改變。

後來才知道，周恩來送走美國人後，在上海佈置了一系列重建文化教育的事。他要求大學復課，先招「工農兵學員」，好讓教師們都借著這個理由從農村回校編教材、編詞典。文科教材最容易受到極左派指責，周恩來提議，可以先以魯迅作品為教材。

這就與我有點關係了。

魯迅教材編寫組設立在復旦大學的一個學生宿舍，由上海各文科高校的教師組成。我受學校的指派去參與，但分到的事情很少，只注釋了魯迅的兩篇小說，寫了魯迅在廣州幾個月的事蹟，幾天就做完了。然而，看著各校教師剛剛從農村回來就全心投入了教材和詞典的編寫，又聽說北京也在大規模地標點古籍、翻譯名著，我產生了一點感動。

中國文化好像是在經歷五年「休克」之後全面勃發。篇幅空前的《漢語大詞典》、《英漢大詞典》、《中國歷史地圖集》開始集中大量人員編寫，《二十四史》第一次全部標點，《紅樓夢》英譯本出版……這些宏大的文化工程居然能在政治亂局中一一完成，我不能不對周恩來產生特殊的尊敬。

就在這個時候，大地深處又出現了動靜。我相信，每當中華文化瀕臨危亡，總會有一種來自古代的神秘力量發出偉大的命令。二十世紀初年八國聯軍佔領北京，全世界都在笑看中國的土崩瓦解，突然，甲骨文的發現帶來了商代的偉大命令，敦煌藏經洞的發現帶來了唐代的偉大命令，於是頃刻之間，垂死的中華文明又重新抖擻起了精神。在眼下的「文革」災難中，這樣的命令也頻頻從大地深處發出。先是我家鄉河姆渡遺址的出土，帶來了有關中國人「生存之本」的偉大命令。與此同時，兵馬俑、馬王堆的出土，帶來了秦漢文化的偉大命令。無數中國文化人立即行動起來，不管身邊有多少政治喧囂，硬是把這些世界級文化遺址保護得妥妥貼貼，並及時作出了高水準的考察和研究。

直到今天還經常有外國人問我：「你們國家很多人一再向外宣稱，『文革』毀滅了一切歷史文物，但是為什麼我們現在去參觀的最重要的古跡，都是在那個時期發掘和保護的？」

對此我只能泛泛作一些回答，而內心的感受卻要深刻得多。我沒有告訴他們：重要的命令總是在黑暗中發出，集合的號聲總是在黎明前響起。我聽到了這些命令、這些號聲。

與這些大事有關的一件小事，也讓我心裡一動。我在復旦大學的走廊上聽到餘姚口音，停步詢問，見到了一位同鄉學者。他剛剛回鄉考察了河姆渡遺址回來，說起遺址被保護的曲折過程。他提到的很多有功人員名字中，有一個名字我聽起來很耳熟：余頤賢。按照我祖母的說法，這個「夜仙」，這次又「偷偷摸摸」地做了一件大好事。

這麼一想，我又思念起了獨自在鄉下的祖母。

就在這時，我爸爸得了重病。急性肝炎併發糖尿病、高血壓，已從關押處轉到醫院，醫院連續發出六次病危通知。看來已經凶多吉少，沒想到一位叫姚鴻光的醫生用中西醫結合的實驗救了他一命。我的幾個弟弟都在農村和漁船上艱苦勞作，只能由我陪媽媽到醫院照顧爸爸。但是，按當時的交通條件，復旦大學離市區實在太遠。

因此我離開教材組回到市區，與媽媽輪替著到醫院病房照顧爸爸。爸爸的病情一點點好起來，碰巧的是，我突然聽到，醫院附近有一家創辦不久的文學雜誌《朝霞》，遇到了大麻煩。

這家文學雜誌很「左」，沒有什麼水準，卻有一篇小說被認為有諷刺「工總司」之嫌。這可不得了，「工總司」司令王洪文在林彪事件後已躍升為中國的第三號人物，僅次於毛澤東和周恩來。毛、周都是生了重病的老人，王洪文眼看要成為全國最高領袖了，這種態勢使他在上海的小兄弟驕縱得不可一世。「誰敢諷刺我們？」他們二話不說衝到《朝霞》編輯部，橫七豎八地貼了大量威脅標語，說如果不立即認罪就要來「搗爛」、「踏平」、「血洗」。

我去看了一眼編輯部，在樹林般的飄飄紙幡下，那些編輯嚇得面無人色，不知道該怎麼辦。「又是工總司！」我想，爸爸被他們折騰了那麼多年我都找不到他們，他們竟到這裡來撒野了。第二天我離開爸爸病房後就去找了當時被稱為「寫作組」的文教管理部門，那家雜誌應該也是他們管的。誰知他們更加惶恐，原來聯繫《朝霞》的一位叫陳冀德的女士不知躲到哪裡去了，別人誰也不敢去編輯部，怕遇到工總司來動武。他們不瞭解我，但從表情看出了我對工總司的厭惡，就對我說：「我們的人不能去了，你方便，去看看工總司的動靜，好嗎？」

我說：「我早就想會會他們了！」

我去了編輯部，躲過兩個與「工總司」關係密切的編輯，與其他編輯一起想了一個辦法：找幾十名工農業餘作者，滿滿地擠在編輯部樓梯口的那間大房間，聽我的講座。這樣，工總司如果來動武就有困難了，因為這麼多聽講座的作者也全是工人和農民，而我，只是一名青年教師，沒有別的身份。

我先講魯迅小說。幾天後，再講《紅樓夢》。當時已經知道，毛澤東也喜歡《紅樓夢》，因此可以大膽講。但有時我想到屈死的叔叔，會突然語氣哽咽，使聽講者大感奇怪。我邊講邊關注著房門口的樓梯，等著工總司。

工總司如果真來動武，一定會把我抓走，然後查出我爸爸是被他們打倒的對象，後果有點嚴重。因此，那些天，我算得上勇敢。門口有了較大的響動，我心一哆嗦，然後吸一口氣，繼續講。為什麼有這樣的勇敢？因為，我聽到了那些號聲，聽到了那些命令。

後來，不知高層通過什麼黑箱作業，危機過去了，那個先前躲起來了的陳冀德女士重新高調出現，我又回到了爸爸的病床邊。但不幸的是，我已傳染了爸爸的肝炎，一時病情比爸爸還重，自己要住醫院了。

在我住院期間，外面的政治形勢發生了重大變化。周恩來領導的文化教育重建計畫，引起了毛澤東的警惕。他想，如果像這樣轟轟烈烈地編教材、編辭典、復課、考試，「文革」不就白搞了嗎？一切不就翻案了嗎？於是，一場名為「反擊右傾翻案風」的政治批判運動又在全國展開了。當時周恩來已經病危，「反擊」的對象是他的助手鄧小平，因此又叫「批鄧」。這場運動直接關係到毛澤東身後中國的政治局勢，可謂生死予奪。因此全國一片肅殺之氣，任何人都必須參加，誰也不能對抗。

誰也不能對抗？未必。我已經咬著牙齒對抗過造反，對抗過饑餓，對抗過洪水，對抗過「工總司」，現在又有了河姆渡、兵馬俑、馬王堆的加持，還怕什麼？

正在這時，傳來了周恩來去世的消息，上海的當權者生怕干擾「反擊右傾翻案風」，禁止民間悼念周恩來。我一聽，立即拉著一起住院的靜安區副區長趙紀鎖先生，在虹橋醫院第六病區組織了一個隆重的追悼會，所有的病人都參加了。追悼會過後，我又把會場佈置成一個靈堂，再將自己的床搬到隔壁守護。這是當時全上海唯一的民間悼念儀式，我知道已經受到「工總司」的密切關注，只是因為在醫院，他們一時不便動手。我守護了整整一個星期，一天晚上，在兩個護士的幫助下，快速出院。

當時的上海，很難找到躲避之處。好不容易通過一個熟人，找到了一個僅能容身的小窩棚。我躲在裡邊，一個多月幾乎沒有見過一個人，直到弟弟送來一封信，說我早年的老師盛鐘健先生要到上海來看我。

盛鐘健老師彎著腰看了看我的小窩棚，又用手按了按那張用木板和磚塊搭起的小床，說：「這不行，不是人住的地方，一定要搬出去。」

我說：「外面一片嘈雜。」

盛老師說：「如果你只是怕嘈雜，不怕艱苦，我可以到鄉下山間給你找一個住處。」

我拜託他找，說怎麼艱苦都可以。他回去後不久，就來信說找到了，並告訴我坐什麼船，再坐什麼車，他在何處等我。

我立即告別爸爸、媽媽，七拐八彎，住到了奉化縣的一處山間老屋裡邊。奉化，是早就敗退臺灣的國民黨首領蔣介石的家鄉。

06 老人和老屋

這山間老屋已經很有年歲，處處衰朽。隱隱約約，還能看出當年一點不平常的氣息。樓有兩層，盛老師在當地的兩個朋友用一把生銹的鑰匙打開一把生銹的大鎖，破門開了。走上一個滿是灰塵的樓梯，在轉彎處有個小小的亭子間，大概有四平方米吧，這就是我的住處。

我知道周圍山間都沒有人住，那兩位朋友已經為我架好了一張小床，留下一個水瓶，關照我不要忘了關門，就走了。我一個人坐下，盤算著什麼時候下山搜羅一點耐餓的食品，再到山溪打一桶水。這個晚上，我第一次感受到天老地荒般的徹底孤獨。

夜裡風雨很大。無際的林木全都變成了黑海怒濤，盡著性子在奔湧咆哮。沒有燈火的哆嗦，也沒有野禽的呻吟……

第二天上午風雨停了，我聽到一種輕輕地推開樓下破門的聲音。正因為輕，把我嚇著了。更讓我發怵的是，破門又被輕輕合上了，傳來更輕的走樓梯的腳步聲。

再一聽，好像不是腳步聲，只是老樓梯的木頭在自個兒咯咯作響。

我把自己的房門推開一條最小的縫往外看，只見一個極其清瘦的老人，朝我的房間走來。我立即轉身把自己貼在牆上平一平心氣，等待著有什麼事發生。但是，老人並沒有進來，他在我門口轉了個彎，又繼續往上走。到了二樓，他從衣袋裡摸出鑰匙，把那間朝南正房的大門打開了。他進了門，但沒有把門關住。

老大爺顯然並不知道我住在這裡。但他是誰？在這裡做什麼？那間房間又是幹什麼用的？陪我來的那兩位朋友並沒有提起。

本來，被嚇著的應該是我。但是他老成這個樣子了，我卻擔心起他被我嚇著。我故意用手在門框上弄響了一點聲音，老大爺聽見了，從二樓門口看下來，我隨即跟他打了個招呼，並告訴他，是誰讓我住在這裡的。老大爺和氣地點了點頭，我也就順便上了樓梯。

樓梯正好十級。我站在二樓正間的門口往裡望，呵，滿滿一屋子的舊書！老大爺邀我進屋，我坐下與他聊了起來。

他看了我一眼，說：「我們奉化是蔣介石的家鄉，這你應該是知道的。這是蔣介石的圖書館，按他的名字，叫中正圖書館。」一聽得出來，他對現代年輕人的歷史知識有懷疑，因此盡量往淺裡說。

我問：能看看嗎？

他說：請。

我走到第一個書櫥，就在《四部叢刊》前停了下來，並伸手打開櫥門，取出一部，翻看了一下。老大爺有點吃驚，便隨口說：「這《四部叢刊》和《四部備要》，都是當地一個叫朱守梅的紳士，在一九三〇年捐獻的。」

我說：「一九三〇年捐獻的可能是《四部叢刊》吧，因為《四部備要》要到一九三六年才出版。」

老大爺眼睛一亮，看了我一會兒，又立即走到另一個書櫥前，從裡邊取出《四部備要》翻看。然後把書放回，笑著對我說：「你是對的，一九三六年，中華書局。」

我看到這滿屋子的書早已喜不自禁，為了進一步取得老大爺的信任，不得不繼續「顯擺」下去。我說：「中華書局是衝著商務印書館來的，《四部叢刊》應該是商務版。」

老大爺從我眼前取出一套翻了翻，說：「你又說對了。看來中華書局後來居上，《備要》比《叢刊》好讀，新式排版，乾淨清晰。」

我還在說下去：「商務也有更清晰的，你看這，王雲五主編的《萬有文庫》。」我用手指了指對面的一個書櫥。

就這麼扯了幾句，老大爺已經完全對我另眼相看。他拉了把籐椅讓我坐下，自己坐在我對面，說：「我不知道你從哪裡來，但你住在這裡，這些書算是遇到知音了。」

「我能隨意借閱這裡所有的書嗎？」我興奮地問。

「隨意。但不能離開這個房間，到你那個亭子間也不許，這是一九三〇年定下的規矩。」他說。

我一笑，心想，「文革」初期造反派沒發現這兒還算僥倖，他居然還固守著一九三〇年的規矩。但是，這種不識時務，讓人尊敬。

「那您幾天來一次？」我問。

「如果你要看書，我可以天天來。」他說。

「這多麼麻煩您啊。」我說。

「我平日沒事。你來看書，我陪著高興。」他說。

果然，以後老大爺天天來，我也就能天天看書了。

這些書，我以前都見過，大一點的圖書館都有，否則我哪能隨口說出它們的版本？只不過，所有的圖書館都在城裡，沒有這裡的大安靜。在這裡讀書不僅沒有干擾，而且也不存在任何功利，只讓自己的心毫無障礙地與書中的古人對晤。這種情景，我沒有遇到過，這些書也沒有遇到過。

沒有功利，卻有動力。我剛剛經歷過的家庭災難和社會災難，至今尚未了結。裡裡外外吃了那麼多苦，死了那麼多人，中國怎麼了？中國人怎麼了？我要在這些書中尋找答案。起點是黃帝、炎帝和蚩尤，重點是老子、孔子和墨子。

這山上，經常有半夜的狂風暴雨。老大爺傍晚就下山了，可怖的天地間彷彿只有我一個人。這是我與古代完全合一的混沌時刻，總覺得有一種浩大無比的東西隨著狂風暴雨破窗而入，灌注我的全身。

我每隔四天下山一次，買點最便宜的吃食。不同季節的山野，景色變化無窮。腳下總是厚厚的落葉，被濕濕的嵐氣壓了一夜，軟綿綿的踩上去沒有任何聲音。但是等我上山，太陽已經曬了好一會兒，連落葉也都乾挺起來，一下腳便簌簌作響。歡快的蟬聲，因我的腳步時起時落。

走山路的經驗使我想起家鄉。我的家鄉離這兒不遠。從這裡看過去，隔著青灰色的霧靄，有一些水墨畫似的峰巒。到了墨枯筆抖的地方，就到了。那兒也有很多老屋，其中一間的屋頂下，住著我的祖母。

祖母。至今余家的最高精神領袖，穿越了多少人生惡戰，還在屋簷下設想著聚族而居。我本來打算在這裡住一陣之後搭一輛長途汽車，再走多少路，去看看她。但是，這一樓古書已經開始了我的另一份學歷，功課緊張得廢寢忘食。我請祖母稍稍等待，等我研習完這一段，就過去。

——我就這樣在山路上胡思亂想，抬頭一看已到了山下。

山下小街邊有一個閱報欄。抬頭一看，還是在「反擊右傾翻案風」。突然發現有一個叫「石一歌」的署名，便知道原先自己參加過的魯迅教材編寫組裡也有人下了水，因為這個筆名是那個組裡有人用過的。下水的人中間，我估計一定有一個姓孫的，因為當時就發現他與「工總司」有來往。我想看看他們寫了什麼，卻實在讀不下去。何況此時此刻，我正在研究孔子和老子有沒有在洛邑見面的事。

我在山上，由於盛老師的兩位當地朋友，得知發生了唐山大地震，又由於路過的兩位山民，知道了毛澤東去世。

在知道第二個消息的當天，我就立即下山，趕往上海。

我有預感，一個時代結束了。

到上海一看，一切依舊。天下所有的大變動，都會有一個「憋勁」的時間。乍一看，風停雲沉，鳥雀無聲。

一見面，媽媽就忙忙亂亂地到裡間去給我尋找洗澡的替換衣服了，爸爸嚴肅地看著我，說：「益生去世了！」

啊？我呆住了。

益生哥才比我大一歲，生了什麼病？爸爸說：「是自殺，為了結婚的事。」

我問了半天，終於把事情的輪廓搞清楚了。

原來，益生哥聽了我的話，沒有參加「工宣隊」進駐大學，但同廠的多數工人都去進駐了，結果生產停頓，無所事事。他成天待在家裡不上班，便養起了一缸金魚。有一天他發現，對窗也有一缸金魚，比自己養得好，而金魚缸後面的女主人，更讓他眼睛一亮。上海居所擁擠，所謂「對窗」也就是一竿之遙，兩人從隔空討論養金魚的經驗開始，漸漸好上了。

但是姨媽聽說對窗女子曾經有過一次婚姻，便竭力阻止。

他們母子兩人，就此展開了長達幾年的游擊戰。益生哥煩不勝煩，乾脆躲到了鄉下，住在外公家裡。但他與自己的戀人已經很難分開，兩人多次在鄉下幽會。於是，那位我們的長輩都認識的海姐，出了一個只有小市民婦女才想得出來的壞主意：打電報給益生哥，宣佈姨媽昨夜上吊自殺，正在搶救。

這個偽造的消息本來是要誘騙益生哥快速趕回上海的，但是，老實的益生哥只覺得母親一生全是為了自己，「她死不如我死」，便仰脖喝了農藥。

「這麼說，他是在家鄉死的？」我問。

「對，死在家鄉，葬在家鄉。」爸爸說。

「姨媽怎麼樣了？」

「幾乎瘋了。」媽媽說：「長時間住在鄉下，天天給兒子上墳，一次次用頭撞墓碑，鮮血淋漓。」

「她還立了遺囑，」爸爸補充道：「說自己死了不與兒子葬在一起，怕兒子煩心，但她一定要葬在附近，到了陰間也天天向兒子道歉。」

這是我聽到過的最悲苦的故事。

這個真實的故事再一次證明，天下很多災難，出自於愛。

益生哥和姨媽，在「文革」中並沒有受到過任何批判。但是社會亂成這樣，人人無法溝通，個個都走極端，愛恨全成畸形，連他們也活不下去。

幾天後，爸爸急匆匆進門，喘著氣，說：「北京那幾個最討厭的人，抓起來了。三男一女，現在都叫他們『四人幫』。」

媽媽說：「真爽氣！」

我一聽便「霍」地站了起來，說：「爸爸、媽媽，我馬上到鄉下，把祖母接回上海！」

先坐海輪，再乘長途汽車，第二天傍晚我就回到了老家。

進村就見到背靠在槐樹上站著的李龍，奇怪的是他一點也不老。

我叫了他一聲「李龍叔」，他一抖，因為從來沒有人這麼叫過他。然後，他走近一步，直楞楞地看著我：「你是誰啊，上海來的吧，那就是……秋雨！沒錯，秋雨。」

「跟我來。」他邊說邊陪我去見祖母。

像村裡的其他人家一樣，祖母並沒有把房門關嚴，留著一條縫。李龍要去推門，我把他拉住了。我擔心祖母那麼年老了，經受不住突然的驚喜，便伸手敲了敲門。

一個快樂的聲音從裡邊傳出，是祖母。她說：「秋雨到了，進來！」

我連忙推門進去，走到祖母跟前，彎腰捧起她的手，問：「祖母，您怎麼知道是我來了？」

祖母拉我坐下，看著我，得意地一笑：「第一，村裡沒有人會敲門，要敲也不是這種敲法；第二，我知道你這兩天會回來接我，北京的事情我在廣播裡都聽到了。」她指了指屋外掛著的一個拉線廣播盒子，每家門口都有。祖母還是祖母，判斷力無人能及。

「行李我已經收拾好了，但你要在這裡多住幾天。看看外公，再上一回山。」

我滿眼佩服地乖乖點頭。

外婆幾年前去世後，外公一個人在過日子。他沒有祖母那麼好的判斷力，一見我嚇了一跳。然後，他搓著手憨笑，坐下來開始毫無次序地講各種事情，好像有十輩子的話要吐給我。我假裝全都聽明白了，不斷點頭。最後他說：「你要上山，好。你余家長輩的墳都在上面，所有的墓碑都是我寫的。」

說著，他突然把自己坐的椅子朝我頓進了一步，輕聲說：「我在志士墓碑上還特地寫了同志兩字，也算是給他恢復名譽。我看出來了，報紙上誰的名字下加同志了，也就算平反了。」

這完全出乎意外。首先為我叔叔申冤的，居然是他老人家。想當初，余家要請他為祖父寫墓碑的時候，年輕的叔叔堅決不同意。叔叔哪裡想得到，為自己寫最後一切的，就是這位曾經被他徹底排斥的老賭徒，不僅名字，而且「同志」。

我想告訴外公，但沒有說出口：叔叔一生，與誰也不是「同志」，就他一個人。

三天後，我陪著祖母回到了上海。

第四部

01 樓梯

祖母回到上海後的那個冬天，我家的樓梯有點擁擠。

家裡人都陸續回來了。為了補償多年來在外面對這個樓梯的想念，每個人登樓時都故意把腳步放重。「蹦、蹦、蹦」，覺得這下終於踩實了，不在夢裡。敲門聲更多，一聽到，家人又會「蹦、蹦、蹦」地衝下樓梯去開門。然後，好幾個客人的腳步聲就傳了上來。

有客人來，媽媽又要去擦拭樓梯扶手了。但下去兩次，都笑著上來。原來那麼多人穿著肥肥的棉襖上上下下，早就把扶手擦得纖塵不染。媽媽故意拿著一塊雪白的新抹布去擦拭，上來後把那塊抹布塞到我眼前，說：「真是，連一丁點兒的污漬都沒有。全是衣袖磨的，快要磨成紫玉水晶了！」

來得最多的是爸爸單位的同事。爸爸與他們見面，完全不存在「劫後重逢」的喜悅，而是非常尷尬。一個滿臉絡腮鬍子的中年男子，進門就衝到爸爸跟前，結結巴巴地說：「老余，那次批判會上我失手推倒了你，是造反派強要我……」爸爸這才明白，現在單位裡已經反了過來，在查他受十年迫害的事。

「那次是我自己沒站穩。」爸爸說。

「這下你可以放心了。」一起來的趙庸笑著對絡腮鬍子說：「只要老余不揭發，你也就沒事了。」

爸爸沒有把頭轉向趙庸。

趙庸靠近爸爸一步說：「一切都是那個黑邊眼鏡的事，雖然他早就下台了。這次我們為你整理了一份他迫害你的事實，你簽個名，我們交上去，就可以逮捕他了。」說著把一疊材料塞到爸爸手裡。

這時爸爸才轉向趙庸，說：「就是那個戴黑邊眼鏡的青年？我並不認識他，他也沒有揭發我呀。」

說著，爸爸抬起手來，把趙庸剛剛遞給他的那一疊材料撕了。當時的紙質很脆，那麼厚一疊，他撕得一點也不吃力。他撕得很慢，也很輕。邊撕，邊嘟噥：「材料，材料，總是材料。」

趙庸失神地看著爸爸的動作，沒有阻止。他知道今天講不成什麼話了，但臨行又回身對爸爸說：「那個阿堅，吳阿堅，他也在『文革』中受了苦，托我……」

沒等他說完，爸爸就打斷了他：「已經托了六個人來說過了。你轉告一下，我不會揭發他，說到底也不是你們的事。」

過了幾天，又有三個人敲門找爸爸，說是區政府來的，還給爸爸看了介紹信。他們說，爸爸是單位裡受迫害最深的一位，現在撥亂反正，希望爸爸能夠負責單位的清查工作，清算造反派，然後把全部領導工作都承擔起來。

爸爸說，自己有高血壓、糖尿病，又生過肝炎，身體不好，希望提前退休。來的人反覆勸說，爸爸就叫媽媽把抽屜裡的病歷卡拿出來給他們看。

一個月後，那個絡腮鬍子又來敲門，一次次感謝爸爸對他的原諒，使他免於處分。從他嘴裡知道，那個黑邊眼鏡最近已經被正式開除，由公安局發配到邊疆勞動改造。單位的清查工作由趙庸負責，而單位的領導人則是選定了吳阿堅。爸爸因病提前退休的申請也獲批准，過些天會舉行一個隆重的儀式。

爸爸隨即抽出鋼筆寫了一張字條，叫絡腮鬍子帶去。條子上沒有寫吳阿堅和趙庸的名字，只是光楞楞的一句話：「感謝批准我提前退休，我不會來參加任何儀式。」

爸爸的事，總算了結了。

那天，敲門後踏上樓梯來的，是兩個陌生男人。他們在樓梯上輕輕講了幾句話，祖母聽得並不清楚，卻一下子跳了起來。

那是安徽話。

兩個陌生男人一上樓就認出了祖母。一個年紀大一點的男人從中山裝的口袋裡拿出一份東西，打開，然後對祖母說，他要朗讀他們市委為我叔叔「平反昭雪」的文件。

讀完文件，他們兩個坐下，掏出香煙點了起來，準備說話。看到祖母對著飄過去的煙霧皺起了眉，他們立即把香煙按滅在煙灰缸裡。還是那個年紀大一點的男人開口說話，嗓門很響，中氣十足。他說，我叔叔「是國家難得的人才，不僅技術精湛，而且道德高尚，為捍衛祖國優秀的文化遺產而獻出了寶貴的生命」。

我慌忙看了一眼祖母。

年紀輕一點的好像看出了我的不滿，搶過話頭說：「這次的平反工作是江斯達書記親自領導的。江斯達書記一再指示，余志士先生作為一個上海知識分子，把自己的一生完全貢獻給了安徽大地……」

聽到江斯達的名字我又看了祖母一眼，但祖母好像沒有聽到。她此刻的眼神，湧動著一個年幼女孩被奪走了手中珍寶的無限委屈。她，已經八十四歲。

兩個陌生男人也看到了祖母的這種奇怪眼神，怕出事，連忙停止對叔叔的歌頌，改口說：「老太太，讓我們化悲痛為力量，加入新長征！」

祖母顯然沒有被「新長征」感動，抖著嘴唇開始說話：「他第一、第二次自殺後救活，你們為什麼不通知我？」

那個年紀大一點的男人說：「老太太，這是第一次文化大革命，大家都沒有經驗，等到第二次文化大革命就好了……」

「你們還要搞？」祖母問。

「嗯。」

「什麼時候？」

「再過七八年吧。主席說過。」

「那你們走吧。」祖母說罷，站起身走進了裡間。

事情確實很不容樂觀。沒過多久，那位下令逮捕「四人幫」的最高領導人華國鋒又下了令，凡是毛澤東作出的決策，都必須繼續遵循。這一來就麻煩了，「文革」期間幾乎所有的大事都是毛澤東決策的，於是什麼也不能否定。不能否定「文革」，不能否定造反，不能否定工宣隊，不能否定廢學，不能否定全國性的大批鬥……誰否定，誰就被「清查」。我本人，也因為曾經隨口說過一句「發動文革是一個錯誤」而受到「清查」，而且和我爸爸十年前遇到的麻煩完全一樣：這句話的主語是誰？那個原來與我們一起編過教材、後來轉身以「石一歌」的筆名「反擊右傾翻案風」的姓孫的人，成了「清查組負責人」。總之，仍然是一些「偽鬥士」在忙碌。上海這種「清查」的驚人之筆，是槍斃了華東師範大學一個叫王辛酉的人，罪名是反對「文革」。

我聽到這個消息後坐不住了，覺得這未必是北京的決定，便壯著膽子不斷給北京的中央辦公廳寫信，報告上海的情況，強烈要求否定文革。每星期都寫一封寄出，這是我已故的叔叔給我的訓練。我知道，每到郵筒投寄一封信，都可能是返回到自己身上的炸彈。但我，已經不怕。

幸好，一九七八年十二月北京召開了一次重要會議，叫「十一屆三中全會」，「文革」終於被否定。會議還宣佈，中國要解放思想，停止階級鬥爭，著力經濟建設，開始改革開放。會後沒幾天，上海的那些「清查組」全部都解散了。那一批「偽鬥士」，立即消失得無影無蹤，完全找不到了。

半年後，我應邀參加了在廬山召開的全國文藝理論研討會。這個會議開得非常盛大，絕大多數劫後餘生的文化名人都參加了。很多老人見了我都會說一句：「你的事情我聽說了，很勇敢！」不知他們聽說的是哪一段。我是這個會議最年輕的代表，在總結大會上被選為全國藝術理論研究會秘書長，這年我三十三歲。

坐長江輪回上海，我在甲板上看著橙黃色的江水作出決定，不趕「秘書長」之類的熱鬧了，還是返回安靜，埋頭繼續奉化半山老樓的讀書計畫。那時讀的是中國古籍，現在有了開放勢頭，應該增讀世界人文經典，為自己補課，也為中國補課。

02
齊華

從廬山回到上海，學院的同事告訴我，好像上海人事部門的一個科長找過我，留下了地址、電話，和一個潦潦草草的「齊」字。

人事部門找我會有什麼事？我兩次打電話過去，都沒有人接聽。一個星期天的下午，我按照他寫的地址找到了高安路的一個門牌號，伸手敲門。

門開了，我眼前站著一個瘦精精的人，但是，那間房子西窗的陽光直射開來，使他成了逆光中的剪影，我看不清他的臉。他親熱地叫了我的名字，並側過身來。這下我看清了，卻又僵住了：他竟然是農場裡人人討厭的齊營副！

我敢說，農場難友們對齊營副的討厭，一定達到了最高等級。那個漫長的苦難歲月是從他問我們蠢不蠢、傻不傻，又要我們脫褲子割尾巴開始的，而又結束在他對美麗的造反派女學生的審查上。很多男同學都下決心要找機會打他一頓，為此寧肯接受任何處分，可惜很快就離開了，沒打成。他，他怎麼鑽到了上海，還在人事部門當科長？

我想奪門而去，卻聽到了他的聲音：「我知道你們都討厭我，我也討厭自己。坐下聽我說幾句吧，聽不下去你再走。」

聽他這麼說，我看了他一下，卻看到了一種非常誠懇的眼光。眼光很難騙人，稍有偽善也能立即發現，但他今天的眼光裡沒有。

我坐下了，他給我倒了一杯茶水。

「先說公事。你前兩年寫到北京中央辦公廳的很多信，都轉回到了上海，這幾個月才由我們部門接收。幾位同事看了，都對你非常佩服。你已經看到，上海市的主要領導蘇振華和文化部門的主要領導車文儀都已經去職。」

「那沒用。」我沒好氣地說：「一場災難的責任，已經搞亂。中央的事我們管不著，我只問民間：我叔叔死亡的直接責任者究竟是誰？嚴鳳英死亡的直接責任者究竟是誰？老舍死亡的直接責任者究竟是誰？把我爸爸關押了那麼多年的直接責任者究竟是誰？我怎麼一個也不知道？怎麼變得似乎人人有份又人人沒有責任？」

他沒想到我會以這麼激烈的口氣批評大局，張大眼睛看著我。

我憋在心裡的話一旦挑開，再也關不住，不管眼前是誰。我繼續大聲說：「還有，我們的對頭造反派，最多也就鬧騰了一年多時間，後來八年多時間誰在掌權？工宣隊和軍宣隊。所有的鬥爭、審訊、迫害，都是他們在指揮。但是請問，到今天，全國究竟有沒有追究過任何一個工宣隊員和軍宣隊員？把最長時間裡最主要的責任人全都放走了，他們連一個地址也沒有留下！」

我還在說下去：「全國學校裡幾十萬宗歷史冤案，都是誰揭發的？全國報刊上幾百萬篇批判文章，都是誰寫出來的？怎麼一轉眼，每一個教師和文人都成了『受迫害的知識分子』？那些揭發，那些批判，都是天上掉下來的？

「很多領導幹部更不像話，明明在一九七一年林彪事件後都一批批回到了領導崗位，現在卻硬說自己被打倒了十年，把整整五年抹掉了。那麼，在那五年裡受他們領導的民眾怎麼辦？」

聽到這裡，他伸出手來阻止我，說：「你所說的問題都很大，我要好好想一想。有一點是肯定的，我們再也不能繼續生活在虛假中。」他頓一頓，又說：「我想與你多談一會兒，換一個話題。這個樓下有一個小飯館，現在時間不早了，如果你不嫌棄，我請你吃個飯，邊吃邊聊。」

對他這麼一個並不熟悉的人，我單方面地傾吐了那麼多話，突然覺得有點不好意思，就點了點頭說：「好吧。」

那個飯館很小，六張小桌子，除了我們沒有別的顧客。我們點了一個蔥烤鯽魚、一個臭豆腐，還點了兩個什麼菜，忘了，只記得菜價很便宜。

「我叫齊華，不要叫齊科長，更不要叫齊營副了。那個齊營副已經陣亡。」他給我夾了幾筷子菜。

既然提到了「齊營副」，我就不客氣，把藏在心裡很多年的疑問提了出來：「那次你問我們蠢不蠢、傻不傻，是從別的地方搬來的吧？」

「那是司令員給全體文化教員作報告時問的。當時有一種流行的說法，讀書越多越愚蠢，司令員認為文化教員比較愚蠢，我覺得你們大學生比我讀書多，應該更愚蠢。所以那天就學了司令員的腔調，連站相和手勢都是模仿的。」

我聽著就笑了起來。他立即說：「我知道你要問脫褲子割尾巴的事了。」

我說：「你猜對了。」

他說：「這是部隊裡的一句土話，我那次講，有一點不健康心理。」

「怎麼說？」我問。

「其實是流氓心理。我從來沒有見過那麼多漂亮的女大學生，就故意這麼說，想看看她們狼狽的表情。」他說出這句話有點艱難，越說越輕，低著頭。

這倒確實是流氓心理。但是，能這麼直言的人是不多的，何況他是個轉業軍人，是個科長，與我也不熟。

「齊科長，不，齊華，我覺得有點奇怪，你為什麼要把這種心理告訴我？」我問。

他抬起頭來，說：「為了一個人，那天她也在下面聽了我的這句髒話。我……我們能喝點酒嗎？」

我向服務員要了一瓶黃酒，一人一杯斟好，他緩緩喝了一口，說：「是這個女學生徹底改變了我。」

「誰？」我問。

「就是那個自殺的女學生，她叫姜沙。」

「那時，她母校的工宣隊到農場來查她，農場要我協助，我就在旁邊聽了他們的全部談話，工宣隊還給我看了他們帶來的揭發材料。簡單一句話，原來追求她的所有男朋友，全都揭發了她。

「這些男朋友都是當年的造反派首領，工宣隊希望激怒她，讓她反過來揭發他們。但是，她看了那些揭發材料後只有一個念頭，那就是想死。

「我看得出她決心已下。在那個時代，所有人的思路都非常狹窄。她完全不知道像她這麼漂亮、善良、有學問的女孩子有多麼廣闊的世界。我當時也不知道，想勸，又找不到話。好幾次，我著急地流出了眼淚，又不能讓她看到，更不能讓那個工宣隊看到，連忙擦去。誰知道，她不知什麼時候在我的筆記本裡夾了一張小紙條。」

齊華說到這裡，解開上衣的第二顆鈕扣，把手伸進去，從襯衣口袋裡拿出一個對折的牛皮紙信封。打開，從裡邊取出一張小小的白紙條。再打開，小心翼翼地遞給我。紙條上寫著——

齊華：你是這個世界上唯一為我三次流淚的男人。

謝謝你！

姜沙

「她死了以後你沒有把這張紙條給領導看？」我問。

「當然沒有。這是寫給我個人的。」齊華說。

歎了口氣，他又說：「我當時沒有勇氣對她說：活下來，與我一起過日子。我可以放棄一切，全為她。我倒不是怕別的，就怕她看不起我。讀了這紙條，我才知道，不一定。」

這天，從下午到晚上，我只是傻傻地傾聽，一時還無法消化這個讓我震動不已的故事。

聽齊華說，他轉業到上海，是自己要求的，就想照顧一下她的家，再每年掃掃她的墓。

在小飯館門口與齊華告別時，我緊緊地握著他的手，卻說不出話。

他倒說了：「一個人會徹底改變另一個人，我好像有了一個新起點。我想請教你，如果想集中鑽研一下人性和愛情的價值，應該讀什麼書？」

我說：「讀莎士比亞和《紅樓夢》，反覆讀。」

03 祖母無名

那天，我正在家裡想著齊華和姜沙的事，樓梯上擁上來一群老太太。上海的老太太一成群就喜歡高聲談笑，我和媽媽連忙為她們端椅倒茶。

他們是來找祖母的。女人在這個年齡上多年未見，變化比男人大。但是，一會兒我就認出來了，領頭兩位，一位是吳阿姨，一位是海姐。

這樣的稱呼把輩分搞混了。「吳阿姨」，應該是爸爸、媽媽他們對她的稱呼，「海姐」，更應該是祖母一輩的稱呼了。但那兩個稱呼已經成了她們的別號，我們心裡也這麼叫，只是表面上一律尊稱「阿婆」。

今天她們領來的，都是祖母在抗日戰爭時的朋友。後來大家都各忙各的，沒有什麼來往。現在總算安定了下來，而她們也都老得可以不必忙了，所以來走動走動。

但是，祖母一見吳阿姨和海姐，還是卡住了。卡在心裡，也卡在臉上。卡住海姐的理由很簡單，她為了阻止益生哥的戀愛，出主意偽造了姨媽自殺的電報，導致益生哥真的自殺。

這件事，親戚朋友圈裡都轟傳過，海姐早就被老太太、老大爺們斥罵得抬不起頭來，今天一見祖母也是怯怯的。祖母一道淩厲的目光掃過去，她立即低下了頭。

卡住吳阿姨，當然是因為她的兒子吳阿堅。正是吳阿堅的揭發，成了我爸爸十年蒙冤的導火線。但這事，其他老太太都不知道。祖母在這痛苦的十年間曾經無數次地想起過自己的老朋友吳阿姨，很想讓她知道，由於她的兒子，我們家陷入了什麼樣的困境。但祖母又知道，吳阿堅放了第一把火之後，卻沒有再做火上澆油的事。

祖母淩厲的目光掃向了吳阿姨，但吳阿姨沒有低頭，反而大剌剌地上前一把拉住了祖母的手，大聲說：「你倒好，到鄉下隱居去了，留下我家在上海受了那麼多年的屈！」

「什麼？你家受了屈？」祖母十分詫異。

「我家當年開鴉片館的事，被揭發了。我當時還猜想，這鴉片館害過你老頭，很可能是你兒子揭發的，但阿堅搖頭，說不會。阿堅在單位裡換了好幾個工作，不管換什麼，揭發信總是跟著來。半年前終於平反，銷毀材料時一看才知道，是當時鴉片館裡的一個小夥計揭發的。你看，我在心裡冤枉了你兒子這麼多年！」

我祖母聽她這麼說，頭頂就像被澆了一桶泥漿。怎麼？你兒子點了我兒子第一把火之後自己也遭了殃？你那麼多年還在懷疑我兒子揭發了你兒子？這世間的事真是太荒腔走板了！

祖母以一個老練女人看另一個女人的眼睛判斷，吳阿姨沒有撒謊。

面對這麼一個老姐妹，該是從頭向她說明余家受她兒子傷害的真相，還是該抱住她大哭一場？祖母沒有選擇這兩項。她長長地吐了一口氣，連吳阿姨也沒有聽到，她只是吐給自己聽。

老太太們在交流著過去這些年的奇怪經歷。說了好幾個小時了，還沒有停的意思。

突然吳阿姨高聲說：「現在總算聽出來了，每個人家都被別人揭發了。那麼我要問一句，我們這些老婆子為什麼怕揭發？乾癟了的茄子難道還怕霜打？」

這個問題立即使屋子裡一片安靜。

吳阿姨的聲音低了下來：「這事我想了好幾個月，後來想明白了，是為了兒孫的名聲。」

「太對了！為了兒孫的名聲！」一位老太太在應和。

「現在好了，那些政治歷史帽子一筆勾銷，誰也不用怕了。」這又是吳阿姨的聲音：「更想不到的是，年輕人可以出國留學了。這兩個月，我兒子阿堅一直反對孫子吳傑到美國留學，倒是我堅決支持，這事才成。」

我聽了一笑，原來我中學的老同學吳傑也要到美國留學去了。近半年來我周圍的人幾乎都在忙著出國留學，但按吳傑的年齡，大概不是去讀本科，可能是讀博士學位，或者做訪問學者。

半天沒說話的海姐終於開口了。她說：「這正巧了，我家也是一樣，孫子要出國留學，他爹不同意，我同意。」

這下祖母說話了，一開口就高於一般老太太的水準。她說：「我知道原因。我們這批老婆子，年輕時在上海都知道留學生是怎麼回事。到了兒子一輩，中國和外國互相封鎖，就不知道了。現在封鎖解除，是該由我們把斷線接上。」

海姐說：「我家孫子不讓我接。他說，出去後就怕不能為我送終，就決定不出去了。」

海姐說完，屋子裡又沒有聲音了。海姐總是這樣讓人不喜歡，她這麼一說，好像別家孫子出國都不如她家孫子孝順。而且，送終不送終的說法，在這麼一堆老姐妹的談笑間又是那麼不合時宜。

一位老太太站起來說：「時間不早，我要去做晚飯了，大家散了吧！」

眾老太起身下樓，沒有了來時的歡樂。

祖母沒下樓，一個人坐著。見我送完老太太們回來，就叫我坐在她身邊。

祖母直楞楞地看著我問：「你為什麼不出國？也是怕不能為我送終？」

我說：「您想到哪裡去了。我不出去，是為了我自己。」

「怎麼說？」祖母要我說明白。

我想了想，說：「打個比方吧。我們一直住在一個貧窮的村莊卻無法離開。現在傳來兩個好消息，一是可以離開了，二是村莊有可能變好了，祖母，您會選擇離開還是留下？」

祖母一笑，說：「我聽懂你的意思了。」

我在上海東北角的一個小房間裡又開始了苦讀，時間長達七年。從古希臘、古印度開始，一點點往下啃，一共鑽研了十四個國家的人文經典。我從一家家圖書館借書，當時很多著作還沒有翻譯成中文，我翻著辭典一句句摳，不斷地去請教隱居在上海街道間的老一代學者。到第七年，我已經完全變了一個人。

讓我脫胎換骨的，有三十幾位不同時代的智者，其中對我影響最大的是德國古典哲學家康德（Immanuel Kant）、瑞士心理學家榮格（Carl Gustav Jung）和法國存在主義哲學家沙特（Jean Paul Sartre）。有了他們，我對於在半山老樓接觸過的中國古典，也有了新的認識。

我在這個過程中寫成了四部學術著作，《世界戲劇理論史稿》、《觀眾審美心理學》、《中國戲劇史》、《藝術創造論》。這些書出版時都遇到一個困難：撞上了「批判資產階級自由化」的風潮，幾乎注定夭折。但是，八十年代畢竟是八十年代，一切思想障礙都能快速衝破。我正咬著牙齒準備堅守風骨呢，事情卻已逆轉。這些學術著作不僅一一出版，而且相繼獲得各種大獎，其中包括文化部全國優秀教材一等獎、上海哲學社會科學著作獎等。不久，我在復旦大學、華東師範大學一批著名老教授的合力推薦下，破格晉升為當時中國大陸最年輕的文科正教授。

更沒有料到的是，國家文化部根據連續三次全院的「民意測驗」，決定由我執掌學院。我推辭了四個月，還是抗不住老師們的細磨慢勸，勉強答應了。同時，上海市教育委員會為了破除「論資排輩」的頑疾，任命我為上海市各大學中文學科和藝術學科教授評審的負責人。

我主持的教授資格評審比較嚴格，各大學初評通過的名單，校長都簽了字，到我們這兒最多只通過一半。大量被否決的申報書上，都是我的簽名。這是我後來長期受到上海文人圍攻的第一原因。但在當時，上海的文化結構還沒有坍陷，大家對我們的嚴格好評如潮。

有一天，上海各報都刊登了一條消息，上海市政府為了表彰我的學術成就，給我連升兩級工資。我們學院的教師還為此聚餐慶祝，但細問起來，是從月薪七十八元人民幣升為八十七元。一位與我同年齡、同專業的香港教授對此深感驚訝，說他的工資是我的整整一千五百倍。我卻為他擔心，說：「這怎麼用得了？」

當時我和很多人一樣，沒時間考慮待遇，只想趕快多做一點事。我知道天下的局勢不會那麼順利，遲早會有反覆，甚至還有災難，如果能在新的災難來到之前做出一個樣子，那就能給中國留下一個看到過的文化之夢。

就在這時，我的祖母去世了。

那是一個初夏的夜晚，突然響起了急促的敲門聲。

連忙開門，是小弟弟。他氣喘吁吁地說：「大哥，阿婆走了。」

這句話，我們似乎早有準備，卻又毫無準備。

我兩眼發呆，看著小弟弟，甚至忘了把他讓進門。

祖母是在家中去世的，沒有什麼病痛，卻沒有了呼吸。

當然還要送到醫院「搶救」，但醫院能做的只是對她遠去的確認。這就是祖母，走了就走了，不接受搶救。

祖母離開之後，我有很長時間不敢回憶她的生平。這就像，面對一座突然被大雪覆蓋的高山，不敢去細想它無數陡坡的險徑。

正是祖母，這位不姓余的女性，在每一個危難關頭，把余家帶出了險境。

追悼會上要掛橫幅，大家又一次難住了：祖母到底叫什麼名字？誰也不知道。戶口名簿上的名字，是祖母叫登記戶口的女孩子「隨便寫一個」的。她真正的名稱，只有一個「余毛氏」。

祖母無名。

僅僅為此，我淚如雨下。

按照家鄉規矩，祖母的骨灰盒應該進入祖父的墓廓。但是，祖父的墓碑早就在幾十年前由外公寫就，沒有把祖母並列。因此，我執筆寫了一方貼地斜碑，恭敬地提到祖母，拜託鄉親請石匠鑿刻後安置在墓碑下方。但是，過了半年再回鄉，看到斜碑已經安置，卻沒有我寫到祖母的那些字句。

連忙查問，山腳下的那位石匠說，那天正要鑿刻，突然來了一陣山風，把我寫祖母的那張紙吹走了。石匠和鄉親本想叫我再寫一張，但村裡的老人說：「被山風吹走了的東西，都不應該撿回。我們山民走在山路上，一陣風吹走了草帽，都不去撿。」

他們還不放心，特地到朱家村去向我的外公請示。當時外公也已病衰，躺在籐椅上幽幽地說：「吹走那字，是她自己的意思，我猜得出來。」

這次上山看祖母的墓，也是李龍陪去的。李龍在這幾年間突然變得非常蒼老，白鬚白髮，連眉毛也白了，還穿了一身灰白的褂子，似妖似仙，剛見面時我幾乎認不出來。

在下山的路上，李龍突然問我：「篤公和女瘋子，你還記得嗎？」

「記得記得，我正想問你呢……」

「他們都是長壽。篤公是五年前走的，臨終前對我說，不管女瘋子同意不同意，他想和她葬在一起。女瘋子是兩年前走的，臨終時只說了五個字：和他在一起。後來的事都是我辦的，石料是鄉親捐的……」

「好！李龍叔，這事你辦得好。有空上山，多給他們這對老情人上上墳，割掉一些雜草，點三炷香，他們都是愛漂亮的人。」我說。

「我會去，」李龍說：「現在鎮裡派我看管石頭將軍，我每隔三天就上山。」
「石頭將軍？」我問。
「哦，這是五年前從湖底撩上來的，石頭刻出來的一個將軍。」他說。
我一時發懵了。好像在很多年前，我帶益生哥上山，他說這地方在夢裡見過，一匹石馬馱著一個石頭將軍從湖裡跳出來，石頭將軍落水，那匹馬還問益生哥，這是你的家嗎？
「這是你的家嗎？」這個回憶讓我毛骨悚然。當時益生哥對這裡多麼陌生，現在可真是他永遠的家了。難道真有一個石將軍落水和出水？
我相信浮生之上還會存在一個神秘世界，但我不敢沉溺在裡邊。讓神秘依然神秘，凡人不必深究，我只能想著眼前的實事。我對李龍說：「你知道，我姨媽已經在去年去世，沒有與她的兒子益生哥葬在一起。我托你，再過一段時間，找兩個幫手，把他們的墳也遷在一起。費用你算一算，等會下山後我給你。」
李龍說：「這事我早就想好了，你放心。要什麼費用，兩把鋤頭的事。」
走了幾步，李龍一笑，問我：「聽鎮裡文化館的老楊說，報紙上登了，你做官了，什麼院長……」
「那也不算什麼官……」
「再過幾年，說不定還能做上縣長！」李龍鼓勵我。
這下引起了我開玩笑的勁頭，說：「不騙你，我現在就管著十幾個縣長。」我指的是學院的處級幹部。

「啲，」李龍退後兩步，看著我，說：「那還了得，我家隔壁桂新，前幾年瞎碰瞎撞與一個副縣長握了一下手，回來後吃飯時拿山藷都翹著蘭花指。後來有人告訴他那人不是副縣長，是副縣長的弟弟，他那手指才踏實。」

04 在位和退位

怪不得那麼多人想做官。

擔任院長之後，我每天收到的郵件都來不及拆了。也怕拆，怕裡邊噴出來的熱氣把手指燙著了。

前幾天看到一個郵件很厚，拆開一看，居然是當年那個姓孫的「石一歌」寄來的。他「清查」過我，現在卻稱我「老友」，只是我實在想不起與他說過十句以上的話。他寄來一本書，表明他又轉而研究革命詩人賀敬之了。

拆開另一個很厚的郵件，是湖北一個姓古的先生寄來的，一篇研究我的「學術成就」的萬言長文，要我推薦給任何一家雜誌發表。他還在另一篇文章中宣稱，我將以卷帙浩繁的著作對藝術作出終極回答。我看了一笑，退回了那篇長文，在心裡給他起了一個便於自己記憶的名號——「古終極」。後來北京又有一個姓蕭的編輯人員評價我是「民族的脊樑」，我同樣給他起了一個好記的名號——「蕭脊樑」，與「古終極」並列。

如果不小心，一做官，天天都可以遇到一個個「孫老友」、「古終極」和「蕭脊樑」。

今天與我吃飯的人，倒是我自己約來的。

他就是戲曲史家徐扶明教授，曾經因為說過樣板戲兩句話，被人揭發，關押了很久。他的案子早就應該平反，但由於沒人管，一直拖著。我向有關部門詢問過好幾次，也沒有回應。這次我以院長的身份再問，沒想到立即解決了。這就是做官的好處。我已經約了他好幾次，他老說「不便打擾」，這又是做官的壞處。

今天他實在推不過，終於來了。我在學院後門口找了一家小飯館，拉他到牆角的一張桌子邊坐下。他穿得像一個老農民，縮著脖子，嗓子啞啞的，笑著與我握手，手很熱，握了好一會兒。

「昨天文化局當著我的面，把那個人揭發我的材料焚燒了。」他說：「這很可惜，留著多好呢。你我都是研究文化史的，最看重原始材料。為難的是，我如果堅持不讓燒，很可能以為我還要記恨。」

「那人現在在哪裡？」我問的是當年揭發徐扶明「攻擊樣板戲」而造成多年冤獄的那個曾遠風。

「在這裡。」徐扶明從口袋裡取出厚厚一疊折好的報紙，放到我眼前，用手指點了點折在最上面的一篇文章。

我一看，那是一份南方有名的週報，文章的標題很長，叫做〈「文革」可以被遺忘，卻不可以被掩蓋〉，作者正是曾遠風。

我吃驚地匆匆看了幾眼。曾遠風在那裡憤怒地寫道，有人要掩蓋「文革」罪行，他絕不答應，一定要戰鬥到底。

徐扶明教授告訴我，曾遠風在好幾年之前就已經搖身一變，成為「文革」的批判者。很多讀者把他當作一名反「文革」的英雄好漢，完全不知道他在「文革」中是如何讓人聞風喪膽。

「你難道不想給這家報紙的編輯部寫封信？」我實在氣不過，咻咻地問徐扶明教授。

「這沒用。」他說：「老弟，人生如戲，角色早就定了。有人永遠是打手，有人永遠是挨打。」

他搖頭苦笑了一下，又縮起了脖子。猛一看，真像曾遠風說的要想掩蓋罪行的逃犯。這很像我爸爸，關押了那麼多年，現在平反了，卻像是自己理屈，躲躲閃閃地過日子，從來不控訴、不揭發、不聲討。那些慷慨激昂的事，仍然由當年慷慨激昂的人在做。

與徐扶明教授碰面後大約半個月，一天下午，傍晚時分，一個高高大大、鼻子尖尖的老人敲開了我辦公室的門。他進門就說：「院長，我叫曾遠風，有十萬火急的事找你！」說著伸出手來要與我握。

我聽說是曾遠風，心裡一咯噔，沒有伸手去握，立即回身坐到我的辦公椅上，問：「什麼事？」

曾遠風走到我的辦公桌前，神秘地說：「上海在『文革』初期演過一台戲叫《邊疆新苗》，你知道嗎？」

我既沒有吱聲，也沒有點頭，等他說下去。

「這是『文革』期間上海最壞的戲，比樣板戲還壞。樣板戲剝奪了人民看別的戲的權利，《邊疆新苗》剝奪了青年上學的權利！」

聽到這話我抬起頭看了他一眼，要不是想到了徐扶明教授，我還有可能點一下頭。

但是，我看他一眼，已經對他有了鼓勵，他的聲調提高了：「這個月，正是當年上海學生到邊疆去二十週年，受害者們已經集中起來，準備找那個姓沙的劇作者算帳，要他歸還青春。現在這個劇作者已經是熱鍋上的螞蟻，我聽說，他已在托人找您，請您出場去說服那些受害者。我今天緊急趕來，就是勸您千萬不要為他出面！」

不管曾遠風是不是誇大其詞，如果一群二十年前去邊疆的人員真的包圍住了那個劇作者，這可不是小事。大家一激憤，鬧出人命都有可能。我便問曾遠風：「真有這事？」他就把消息來源詳細說了一遍，我聽完，就把他打發走了。

我立即把我的好朋友胡偉民導演找來，商量這件事。胡偉民像我岳父一樣是個「右派分子」，「文革」中不在上海，不知道有《邊疆新苗》這個戲。但他顯然看不起那個劇作者，原因說不上。我說：「有那麼多人來討二十年前的舊賬，可見那個戲確實很壞。但當時逼迫青年學生下鄉，是北京的號令。這個劇作者只是曲意逢迎，現在如果把歷史責任都推到他一個人身上……」

「這不妥！這不妥！」胡偉民立即明白了我的意思。

兩天後，《邊疆新苗》的作者果然來找我了。這是我第一次見這個人，他的態度，不是我預想的那樣憂慮和謙恭，而是一種帶有一點滑稽的友好，這使我覺得比較舒服。

第二天傍晚，我就出現在那個現場。是安福路上一個劇場的門廳，我去時已經擠滿了人，門外還有不少人要擠進來。一看就知道，全是二十年前上山下鄉的學生，社會上統稱為知識青年，又簡稱為「知青」。

《邊疆新苗》的作者靠牆坐在一把塑膠的折疊椅上，「知青」們都站著，由於後面推擠，對他越逼越近。我怕出事，就站到了他身邊。

一看就知道，這些無言的人不是來鬧事的。他們最好的年月都被拿走了，但是誰也沒有為這件事承擔責任，只是草草地讓他們回了城。城裡已經沒有他們的位置，他們找不到出路，於是像沒頭蒼蠅一樣撞到了這裡。安福路在上海是一條小路，並不好找，但他們還是找來了。眼前這個坐在塑膠折疊椅上的胖乎乎、矮墩墩的男人，顯然不是他們真正要找的人。但是，除了他，他們再也找不到別的人。

這種無言的包圍，令人窒息。

幸好有人用平穩的口氣打破了沉默。這是一個高個子的中年人，他叫了一下《邊疆新苗》作者的名字，說：「不瞞你說，在江西龍南縣的深山裡，我們有幾個人曾經多次商量，只要回上海，就要打你一頓。」他頓了頓，接著說：「但是我們終於長大了，不會再有這種念頭。今天只是想問你，你自己讀過大學卻說讀書不好，你要我們到農村去自己卻不去，這，能安心嗎？」

劇作者臉上的微笑一下子僵住了，他不知道要不要站起來回答，便徵詢似的看了我一眼。我正猶豫，四周的話匣子卻打開了：

「編劇編劇，怎麼能胡編亂造！」

「你也是有兒女的人，請想一想二十年前的我們！」

……

雖然大家很激動，但話說出來了，情緒也就釋放了一大半。我覺得應該說話了。我站出一步，說：「大家知道，我也去了農場。最痛心的是，一位女同學在農場自殺了。我剛才還在想，活下來，就是勝利。前面的路還很長，我們還不老！」

「余院長，我們老了。」這聲音，悲涼中帶著點兒諧謔，氣氛鬆動了。

「你們這樣還算老？請看看我！」一個我非常熟悉的聲音從後面傳來，我伸頭一看，是胡偉民，他也來了。

胡偉民一身牛仔服，叼著根香煙，緩步上前。一個大導演的自然風度有一種無形的光，大家紛紛後退一步，為他讓道。

他走到了這個門廳的台階上。台階是通向劇場的，現在劇場正鎖著門，他踏上三級，就在那扇鎖著的大門前站住了，轉過身來，對著大家。

他掃視了一下全場，平靜地自我介紹：「我是在一九五七年從上海戲劇學院剛剛畢業時被打成右派分子的。」這就是說，他高出大家整整一輩。

「我當時算是階級敵人，發配到北大荒，零下四十度還必須在野外幹活。」胡偉民說。

這幾句話，把這個門廳收納得鴉雀無聲。胡偉民知道所有的目光都在自己身上，便慢慢地抽一口香煙，再把白煙圈緩緩吐出。大家等著他，他讓大家等。發現香煙即將燃盡，他便彎下腰去把煙蒂按滅在花崗石台階上，直起身來再掏出一盒香煙，抽出一支，銜在嘴上，摸出打火機點上，抽一口，再噴出白煙，才重新講話。

他說：「我算過，我比你們各位的平均年齡，大十八歲。我真正做專業的事，是『文革』結束後才起步的。你們算一算，那時候我幾歲了？」

他又抽煙了。我連忙抓住機會說：「胡偉民先生是目前上海戲劇界無可爭議的第一導演，也是全國四大導演之一。他的全部業績，都是這幾年從頭建立起來的。」

「所以，」他又把煙圈吐完了，接著我的話說：「你們現在起步，一點兒也不晚。我們中國，只要方向走對了，所有浪費的時間都能追回來。如果方向錯了，再讓你們回到二十歲，也沒用！」

全場肅靜。突然響起了掌聲，很快全場響成了一片。胡偉民，就像他每天在舞台上謝幕一樣，一手叼著煙，一手挽著我，朝周圍點著頭，緩步離場。我順手把《邊疆新苗》的作者也拉在一起，三個人一起離開。

胡偉民在一個路角彎腰打開了一輛十分破舊的腳踏車的鎖。這輛腳踏車，我和他都叫「老坦克」。按照往常的習慣，他會推著這輛「老坦克」與我一起步行一個多小時，邊走邊聊天，但今天因為多了一個人，他走了幾步就翻身上車了。上車時他還特地關照了我一句：「你也早點回家休息。」為了玩帥，他騎得很快。

第二天，《邊疆新苗》的作者又到我的辦公室來了，一開門就對我和胡偉民昨天晚上的及時解圍，深表感謝。

我說：「昨天的事，結束得很好，主要是胡偉民的功勞。不過，你老兄倒是也要吸取一點教訓。在過去那樣的年代，任何文人都可能寫錯一點什麼。但是如果遇到了要不要文化、要不要教育、要不要學校這樣最基本的人類學問題，卻千萬不要——」我本來要說「昧於良知」，但畢竟是兩個人在聊天，便口氣一軟，說成了「馬虎」。

他說：「我真不清楚那個戲的後果那麼嚴重。但我確實很不滿意自己。」

他認錯的口氣很誠懇，我立即聯想到那個曾遠風，產生了對比。

這件事之後，這個劇作者和我、胡偉民的關係越來越近。他後來請求我為他的新作集寫序言，我寫了。他又在報紙上發表文章，說我的著作是「神品」，這聽起來有點不是味道，但我也沒有阻止。因為當時中國文化界又在發動「批判資產階級自由化」之類的運動，極左勢力再度抬頭，我幾次看他，也在反對極左勢力，我就把他當作了大方向上的朋友，顧不得用詞不當的小節了。後來，上海市文化局來向我徵詢意見，我還推薦他做了一個劇團的團長。

有一次，胡偉民騎著「老坦克」到我家來，在我家吃飯。他邊吃邊對我說：「我們的那位朋友，最近有點讓人看不懂了。我在廣州偶爾看到他發表的幾篇文章，從口氣看，要把自己打扮成持不同政見者了。但他能有什麼政見？我們還不知道？」

我說：「他啊，只不過是嘩眾取寵。去過幾次香港，又去了一次美國，覺得中國的持不同政見者在那裡很吃香，就學著扮演。」

胡偉民說：「我看他是掛羊頭賣狗肉，不知道會不會被那些真的持不同政見者打一頓！」

我一聽就笑了：「到時候我們還要再救他一次。他呀，就是喜歡在生活中演戲，職業病。」

事情的發展，遠比我們的談笑嚴重。

一九八九年六月二十日午後一時左右，我在院長辦公室裡呆坐著，胡偉民敲門進來了。

他坐在我對面，一支支地抽著煙，不斷地搖頭歎氣。那些天我正又一次被人揭發，受到國家文化部的審查。揭發的是新問題，我對於剛剛發生的「六四」政治風波堅持自己的觀點，因此麻煩不小。但北京來的審查者私底下卻很同情我，只想「大事化小，小事化了」。胡偉民看著我，說：「現在大家都不好受，朋友間你擔子最重，管著這麼一個學院，帶著這麼一批學生，千萬要保重！」

「那個人被我開除了！」過了一會兒他突然說。

「誰？」我問。

「還有誰？寫《邊疆新苗》的那個人，開除出朋友圈！」他說。

我一聽就明白了。前兩天那人在報紙上代表劇團發表了一個「緊跟形勢」的政治聲明，正好與我們前一段時間在一起時的態度徹底相反。

「你去找他了？」我問。

「我當面對他說，我最痛恨的不是你的觀點，而是你的投機。一個搞藝術的人，怎麼可以沒有人格！」胡偉民邊說邊站起身來，說：「我們怎麼交了這麼一個朋友，氣得我渾身顫抖，胸口發悶！」

說著他拍了拍我的肩，像是要走。

我問：「你現在去哪裡？」

他說：「半個月來身體一直不好，昨天晚上又這麼一吵，傷了元氣，想到華山醫院配點藥。你要保重！」

我把他送到辦公室門口，看他下樓梯。然後，我又急忙回身到窗口，看他翻身騎上「老坦克」。他知道我在看他的背影，扭身抬頭看我的窗，騰出左手向我揮了揮。左手上，還是夾著香煙。

華山醫院就在學院東邊不遠。他把「老坦克」擱在醫院門邊的磚牆前，鎖上，就進了醫院。

很長時間過去了，昏黃的路燈照著這輛腳踏車。它的主人，再也沒有出來。

深夜的街道上，沒有人知道它此刻的意義：它馱載過上海戲劇的一個輝煌時代，而這個時代剛剛結束。

就在這時，我家的電話鈴急促地響了。平日深夜來電話的只能是他，我拿起話筒就叫「偉民」。

不是他，但有關他。

兩天後，我在追思會上說：「一個人的去世，會使另一個人改變與行業的關係。從今以後我將不再與上海戲劇界交往，因為我的朋友已經死在那個地方。」

我發言前已經看到，《邊疆新苗》的作者，還有那個曾遠風，都來了。那天回家，我遵循胡偉民有關「開除」的決定，給《邊疆新苗》的作者寫了一封斬釘截鐵的信。

這件事可能給他帶來了不太好的名聲，從此，他需要一次次重新編造我與他絕交的原因，參與對我的誹謗和圍攻，直到今天，算來也有二十年了。

在胡偉民去世之後半個月，對我的審查也結束了。審查者作出了一個溫和的結論，說我雖然有錯，但只是為了保護學生。學院裡一位教授悄聲在我耳邊說：「胡偉民的在天之靈保佑了你。」

我隨即去了新加坡，在那裡滯留了八個月。好幾年前，新加坡的大藝術家郭寶昆先生曾邀請我和高行健、賴聲川三人一起去那裡聚會和講課。當時我們三人都還很年輕，也不出名，不知道怎麼被郭先生挑上的。這次重返，他們兩人都不在那裡了，這座熱帶城市顯得有點冷清。郭寶昆先生經常在濃郁的樹叢下長時間地看著我，不說話。

我歎口氣，說：「一九七九至一九八九，中國這難忘的十年，結束了。」

「我知道。」他說：「賴聲川已經聯繫上了，他會過來陪你。高行健一直聯繫不上。」

我在新加坡滯留期間，密切留意著國際時事和中國新聞，順便講一點課。椰風豪雨，一次次把我掩埋，又一次次讓我泅出。

在我回國一年多之後，郭寶昆先生又趕到上海，想看看我的處境。他希望我順利，更希望我不順利。因為如果不順利，那就有理由把我再一次拖到他們那裡講課了。他在賓館的客房裡對我說：「我們國家小，你的聽眾多，哪怕每天講一首唐詩，日積月累也會成為一件大事。」

唐詩！我笑了，說：「你看到了，這兒的經濟發展比想像的快，社會生活發生了很大變化，但是文化狀況卻不盡人意。因此，我不想一走了之。」

「那你準備做什麼？」他問。

我說：「從『五四』運動到八十年代，都犯了一個共同的毛病，那就是：忙著進行文化批判，忘了尋找文化身份。」

他眼睛一亮：「文化身份？」

我說：「歐洲文藝復興，說到底也是在尋找文化身份。僅僅問一句『我們是誰』，就已經走出中世紀。」

郭寶昆先生對這段歷史很熟悉，他深深地點頭。

我說：「所以我很快就會辭職遠行，去追趕你所說的唐詩。」

原以為，中國有那麼多人想做官，我辭職還不容易？但我想錯了，這在當時，非常艱難。

首先是學院的上上下下已經無法想像我的離開。因此，我沒有試圖說服大家，只向上級機關用力。

我先是認認真真寫了幾份辭職報告遞上去，很長時間沒有回應。於是我就親自到上海和北京的相關單位，直接找領導人當面提出。他們以為我是想調動工作，因此都說：「我們會考慮，你不要急。」

終於，在北京大雅寶的空軍招待所，兩個階位很高的領導人正式找我談話。他們和顏悅色地說：「在目前全國廳局級的正職幹部中，你是年齡特別輕、文化特別高、又深受群眾擁戴的一位。現在有兩個職位可供你選擇，都是副部級。」他們所說的兩個副部級職位，一個在北京，一個在上海。那個年代，「文革」後官復原職的老幹部們都成批離休了，上上下下很多職位都空著，升遷要比現在方便得多。

我一聽就知道他們誤會了，連忙說：「不，不，不。」他們覺得很奇怪，因為那兩個職位實在是很顯赫了。

回到上海之後，我靜下心來，把辭職的事當作一個系統工程來操作。

一是繼續打辭職報告，二十幾次，全都石沉大海；

二是藉著一次因尿道結石住醫院的機會，無限誇大病情，串通學院的胡志宏書記和醫務處一起誇大，還鼓動文化部的一位局長朋友參與誇大，開始有了效果；

三是請常務副院長胡妙勝教授主持工作，造成即使我不在學院也能很好運轉的強烈印象；

四是給直接管我們學院的國家文化部副部長高占祥先生寫了一封措詞極其生硬的信，聲稱如不批准辭職我將自行離開。

終於被批准「暫時辭職」，卻要掛一個「名譽院長」的頭銜。我又一次花費不少口舌，把這個頭銜也推掉了。

在一個極為隆重的辭職儀式上，我即興發表了一個講話，現在還能找到錄音——

感謝國家文化部和上海市委批准我的辭職請求。但是，剛才幾位領導對我的評價實在太高，就像是把追悼會提前開了。（眾大笑）

這些年我確實做了不少事，而且天地良心，確實做得不錯。（熱烈鼓掌）但是，這不應該歸功於我，而應該歸功於「勢」，也就是從社會到學院的大勢所趨。我，只是順勢下滑罷了。

想起了一件事。前些年雲南邊境的戰爭中，一位排長以身體滾爆山坡上的一個地雷陣，上級決定授予他特等英雄的稱號。但是，他對前來採訪的記者說，那次不是有意滾雷，而是不小心摔下去的。記者說，特等英雄的稱號立即就要批下來了，提拔任命的一切準備工作也做完了，你還是順著「主動滾雷」的說法說吧，這樣彼此省力。但是，這位排長始終堅持，他是不小心摔下去的。

結果，那次獲頒英雄稱號的是另外兩個軍人，現在他們都已成了省軍區副司令。但那位排長很快就復員了，仍然是農民，在農村種地。有人問他是否後悔，他說：「我本是種地的，如果摔一跤摔成了大官，那才後悔呢！」（鼓掌，笑聲）

我做院長的順勢下滑，與那位排長的摔跤下滑，差不多。因此，他是我的人生導師。（熱烈鼓掌）

我的另一位導師陶淵明說：「歸去來兮，田園將蕪胡不歸？」所不同的是，我沒有田園，連荒蕪了的也沒有。（笑聲）因此，我不如陶淵明，也不如那位排長，無法回去，只得尋找，去尋找我的田園。

找到或者找不到，我都會用文字方式通報大家。（熱烈鼓掌）

謝謝！（長時間地熱烈鼓掌）

半個月後，我就裹了一件薄棉襖出現在甘肅高原上，獨自向七世紀的陽關走去。

我要從事的文化考察，有一個大方向，卻還沒有形成一個個具體的課題，因此無法申請任何經費，只能全靠自己支付。這對於當時的我，實在是非常困難。感謝妻子馬蘭，她說她雖然不「走穴」，卻也積累了四萬多元存款，可以幫我成行。

一路上見到最多的，是古戰場上密集的墳堆，很少見到人。我想，這兒，應該就是我的祖先一會兒匍匐沙丘、一會兒呼嘯揚鞭的所在，應該就是我的姓氏飄蕩而來又飄蕩而去的地方。

歸去來兮。古代羌人在這兒變成了唐兀人，又在這裡改成了余姓……家鄉可以很近，也可以很遠。生命可以是五尺之軀，也可以是萬里蒼原。

05 歷險和逃跑

祖母去世之後，我很少回家。以前是因為繁忙，後來是因為遠行。爸爸、媽媽很想能經常見到我，卻完全不想知道我在外面做什麼。對於我寫了什麼書，走了什麼路，怎麼做了院長，又怎麼辭職，他們都不清楚。幾個弟弟有時會提起一句半句，也進不了他們的耳朵。

我永遠在遠方，只有馬蘭每隔幾天打一個電話去請安。馬蘭當時還帶領著劇院在各地巡迴演出，忙得很。爸爸、媽媽當然聽得懂馬蘭的普通話，但當時的馬蘭，還聽不太明白媽媽那種羼了不少家鄉口音的上海話。有一次，馬蘭問媽媽還需要什麼，媽媽的回答中有兩個關鍵字怎麼也聽不清楚。繞了好半天，終於知道了，媽媽說的是：「寂寞，就是太寂寞。」

馬蘭一直在想著「寂寞」這兩個字，後來與我的幾個弟弟商量，能不能給老人家搬一個家，最好靠近一個大一點的公園，可以經常去散步。一切如願，家搬成了，緊靠著上海一個新開闢的大公園。但奇怪的是，媽媽去過兩次公園就不去了，她最喜歡去的地方，是附近一個菜場。

她說，公園那麼大，除了樹還是樹，風一吹，陰森森的，因此更加寂寞。這話顯然是有道理的，那也就不勸她去公園了。我和馬蘭陪她上了一次菜場，立即知道她喜歡去那裡的原因了。

眼前的每一樣菜，不管是素菜還是葷菜，都是她在災難歲月裡的最高企盼。那時候，政治風浪會把家人糟踐成什麼樣，她不在意，她只關心家裡下一頓的飯食。她總是在菜場下市的時候去用最低的價錢買一點別人挑剩的「殘貨」。是空心的蘿蔔？乾癟的芹菜？還是發黃的茭白？她不會去看葷菜攤，只是偶爾遙望一下，暢想著什麼時候能在蔬菜裡炒進幾根肉絲……現在一切都改變了，她要像一位不知怎麼得勝的將軍一樣，一遍遍地檢閱每一樣菜，這成了她晚年最大的享受。

在災難時期，菜場工作人員往往態度傲慢，現在卻都和顏悅色，見到媽媽大聲叫「外婆」、「婆婆」、「好婆」，讓她到他們攤子那邊去。媽媽哪裡受得住這般尊重，喜孜孜地走過去，便伸手撥弄起一樣樣菜。但只要一下手，像觸電一樣，幾十年的經驗就全部回來了。她說：「這芋艿是紅梗，個頭又不大，才出土，好東西，我家孩子多，你多秤一點！」

其實孩子並不住在一起，這麼多芋艿到哪一天才能吃完？

有時候我們也會攙扶著爸爸、媽媽到外地旅遊，但是最多待到第三天，媽媽就急著要返回，理由是：想菜場了。從我的父母親，馬蘭想到了她的父母親。她爸爸是「老右派」，小縣城街上的任何人都可以侮辱他。她十三歲時考上了省藝術學校，卻因為是「右派的女兒」

未被批准入學。那時她媽媽也是一名主角演員，正在山區巡迴演出，當天晚上決定以罷演來抗議當局禍及女兒。她媽媽是準備為此而加重罪孽的，除此之外，她沒有別的路可走。幸好，一個當時在場的當權者看到漫山遍野山民來看戲的火炬，勉強批准了馬蘭入學。災難結束後，她先為爸爸「平反」了，因為縣城裡公映了她主演的電影《龍女》。她又用當時還很微薄的片酬買了一件時髦的滑雪衫給爸爸。爸爸穿上後，把整個縣城都走了一遍。他用一件滑雪衫，嘲笑了二十年的街道。

看著已經沒有衣食之憂卻已經很蒼老的四位父母，我和馬蘭一再告訴他們：災難時代過去了，真的，永遠過去了。

我辭職後每次去看父母親，其實都是遠行前的告別。

告別父母親之後我和馬蘭總要在路上走一陣。馬蘭說：「我知道，對於安慰老人的話，其實你內心還有疑慮。」

我說：「這不能說給老人聽。每一代要回答的問題，都有下限。」

她點點頭，問：「你現在最擔心的是什麼？」

我說：「八十年代銷聲匿跡的『偽鬥士』，一九八九年之後又回來了，還帶出不少新手。他們還是偽裝道義，恃強淩辱，但越來越受到媒體喜愛，而所有的媒體又都有不小的背景。」

「他們成不了氣候了。」她說：「國家經濟發展那麼快，他們已經不在主流。」
我說：「這很難說，因為經濟不是全部。所以我要走那麼多路，去想經濟之外的問題。」

我的路越走越遠，越走越險，因此越來越不能告訴父母親我去了哪裡、將去哪裡。在中東和南亞的恐怖主義控制地區，我想，在這兒每時每刻都有可能失去生命，但這生命是父母親給的。他們的東西丟失在他們從來沒聽說過的地方，這對他們很不公平。
馬蘭瞞著雙方老人，也陪著我走了一段。記得在耶路撒冷一條小巷道的石窟咖啡館裡，我們坐在一起，看著門外慌亂行走的神秘人群。我移了一下凳子，鄭重地告訴她：「我對文明和文化的看法，全變了。」
她說：「我的看法也變了，先聽你說。」
我說：「我出發的時候，只想對比中華文明和其他古文明的差異。但一路上看到，不同文明之間的差異並不重要，重要的是，所有的文明都面臨著共同的大災難：恐怖主義、核競賽、地震海嘯、氣候暖化、大規模傳染病。美國哈佛大學的杭廷頓教授把不同文明之間的衝突看成天經地義，加以鼓勵，我現在完全明白，他錯了。」
馬蘭對這些問題並不陌生，立即同意我的看法，但她又歎氣了：「我們中國的多數文化人，連杭廷頓的文明衝突論也不關心，更不要說全人類的大災難了。他們中有的人，只想給身邊的人製造點災難。」

「恰恰是，中國多數民眾喜歡觀賞別人的災難，幸災樂禍地當看客。這一點，魯迅說過，羅素也說過。」我說。

「那我們該怎麼辦？」她問。

「面對大災難，只能忍受小災難，呼喚大善良。喚不出還是喚，一生只做一件事。」我說。

她握住了我的手。

一九九九年十一月七日，我和幾個夥伴要在無法辦齊一切手續的情況下冒險進入伊拉克，此後全部行程的恐怖層級將大大提高。馬蘭未被允許進入，要坐車返回，我們夫妻倆在約旦佩特拉的山口告別。我們早已感受到一路越來越不祥的氣氛，因此彼此不說話。她上車後，我繞到她坐的窗口，那窗是密封的，她的臉貼著窗，我的手掌從外面撥去窗上的塵沙，劃著，按著。

她後來告訴我，車開走後，她看我像一根木頭一樣在中東的曠野裡站著，一動不動。等到看不見了，她的手就從窗裡邊合著我剛剛留下的手掌印，很久。這兒的天氣已冷，車窗很涼，她只想，什麼時候，我的手掌印能夠重新回暖。

當天我日記上寫的是：「妻子，但願我們還能見面。」

但是，當她回到國內家裡，打開電視，聽到的是我們幾個在伊拉克失蹤的消息。其實是伊拉克當局封死了我們所有的通訊工具，包括手機，我們像無頭蒼蠅一樣在到處亂竄。她知道中東的局勢，判斷我凶多吉少，就每天不出門，不吃飯，不睡覺，不梳洗，成天趴在電視機前，面無人色，蓬頭散髮。直到我們找到大使館，報告我們還活著，她才大哭一場。

其實，比伊拉克更兇險的，是伊朗、巴基斯坦、阿富汗的邊境地區。在那裡工作了十幾年的外交官和記者都不敢去，他們都曾經無數次地來勸阻我們，特別是勸阻我。勸阻的理由很充分，因為當地的恐怖主義組織早已習慣通過綁架外國人質來索取贖金，包括一次次綁架中國人質。但我為了更深入地瞭解古代文明發祥地與當代恐怖主義的關係，並及時向全世界報導，還是壯膽進去了。

世界上沒有另外一位文化學者親身穿越過那麼多曾經無限輝煌卻已淪於恐怖的地區。真正穿越的第一人居然是中國學者，我深感快慰。

終於活著回到了國內。我正要把一路的災難感受好好地告訴國人，沒想到，國內正用一種濃縮的災難「歡迎」我。

走出了虎狼之山反而遇到了虎狼，看到了老家的炊煙卻又遇到了剪徑的馬幫，這實在不可思議。但細細一想，還是有最通俗的原因。原來，我在考察文化的過程中寫成的四本書《文化苦旅》、《山居筆記》、《千年一歎》、《行者無疆》受到了廣大讀者長時間的歡迎。有機構統計十年來全國暢銷書排行榜前十名，它們居然全在裡面。連臺灣，也給它們每一本都頒發了文學大獎。我的漫長歷險，香港鳳凰衛視全都每天播出，世界各地均有大量觀眾追著看，大家都認識了我。隨之，聯合國舉辦的世界文明大會和華盛頓的美國國會圖書館，都破例邀請我這麼一個毫無官職的中國學者去演講。這下，按照一種典型的「中國邏輯」，麻煩就來了。

那天，我又從國外回來，和妻子一起上街買菜。妻子挽著我的手，像是揀回了好不容易沒有摔破的家傳舊瓷器，小心翼翼地捧持著。今天她也一直走在路的外側，讓我走裡側。但奇怪的是，每當走過書報攤時，她總是拽著我往前走，一連幾次都是這樣。我終於在一個書報攤前停住了，掃一眼，就立即知道了妻子拽我走的原因，因為那裡有很多我的名字、我的照片。

打眼全是與我有關的盜版書，一堆又一堆，上面還都明目張膽地標著「首印五十萬冊」、「首印三十萬冊」。我想找一本正版，找了好久沒找著。邊上還有很多署了我的名字而我自己卻從來沒聽到過的書，隨手翻一下，大多是粗陋的色情小說。在這些書的上面，掛著不少報刊，標題都很刺激：〈余秋雨是文化殺手〉、〈藝術的敵人余秋雨〉、〈余秋雨為什麼不懺悔〉、〈剝余秋雨的皮〉、〈我要嚼余秋雨的骨髓〉……

妻子慌張地看著我，用故作輕鬆的語氣說：「中國文人對血腥的幻想，舉世無雙。」說著還是把我拽走了。

我說：「讓他們鬧吧，災難是我的宿命。」

「也是我的宿命。」妻子說。

過了幾個月，忘了從哪裡回到上海，已經有一位廣西來的年輕學者在等著我。這位學者個子不高，眼睛很亮，很像歷史資料裡描寫的李白。他叫楊長勳，廣西藝術學院副教授，曾經花力氣研究過我早年的幾部學術著作，發表過很多論文。現在，連我的遠行考察和回來之後的遭遇，也成了他的研究內容。他這次來，說有一些重要想法要與我談談。

正準備與他長談，又接到一個讓我高興的電話，那是齊華打來的。自從那次見面後，很多年都沒有他的消息。他在電話裡告訴我，他聽從了我對莎士比亞和《紅樓夢》的推薦，努力鑽研，寫出了一些論文，已經從人事局調入一所大學的研究機構。他在研究《紅樓夢》的過程中經常去請教老前輩余鴻文先生，最近才知道余鴻文先生和我家的關係，所以要見個面，另外說點別的事。

我想，既然湊到了一起，就把齊華和楊長勳拉在一起聊天吧。齊華比我大六歲，而楊長勳則屬於下一代，不同年齡會有不同視角，加在一起一定比較有趣。

這是一個雨天，雨下得出奇的大。我通過熟人找了靜安區圖書館樓下的一間空房，安排一個工作人員給我們提供茶水。三個人就看著玻璃窗上如瀉的雨柱，開始暢談。

根據長幼有序的禮節，我請齊華先說。齊華有一點老了，卻顯得比以前經看，很有風度。

齊華告訴我，余鴻文先生退休後住到了他女兒、女婿家，遠在長江邊的寶山月浦鎮，來往很不方便。我請他先代我問好，很快我會陪著父母親去拜訪。

說完余鴻文先生，齊華停了停，壓低了聲音問我：「你，是不是為一個叫王北珍的女畫家寫過序言？」

「寫過。」我說，卻又奇怪地問：「你怎麼問這個？」

齊華沒回答我，繼續問：「你知道她是誰的女兒嗎？」

「當然知道，上海最有名的流亡人士王若望。」我說。

「你是一九八九年之後寫這篇序言的吧？」齊華又問。

「是啊。」我說。

「這篇序言在大陸報紙上發表過嗎？」齊華還在問。

「發表過。」我說。

「報紙怎麼會同意發表？」他問。

「不知道，不是我送去的。」我說。

「聽說你寫序言的畫冊上，有他們父女倆的合影？」

「對。」

「發表後，王若望在美國說過什麼？」齊華問。

「他叫他的女兒感謝我。」我說。

「可見告發的內容完全屬實。」他歎了一口氣。

「什麼告發？繪畫就是繪畫，我欣賞她的色彩運用，這與政治沒有關係。」我說。

「真有一個叫曾遠風的人告發你了。」齊華放輕聲音說：「把這些材料複印後到處寄，寄給各家報紙的領導，連我工作過的人事局也寄了。效果顯而易見，你看，全國那麼多官方報刊，那麼密集地發表攻擊你的文章，為什麼得不到絲毫阻止？」

我還是搖頭，說：「這是你的推測，現在已經不是告發的時代，不會有用。報刊發表那些文章，只是為了發行量，而且也不算密集。」我說。

立即響起響亮的笑聲，是楊長勳。我沒想到，他的嗓音那麼好聽。他對著我說：「你說告發信不會有用，我相信；你說那些文章不密集，謙虛了！」

他又轉向齊華說：「余先生的謙虛，是因為他不知道。不讀報紙不上網，連個手機也沒有，害得我們代他受了好幾年氣！」

我連忙解釋：「其實也有人說起，但我不想聽。對於假話髒話，傾聽就是鼓勵，反駁就是對弈。」

「但是，除了你和他們，還有第三者，那就是廣大讀者。讀者分不清假話髒話，也會把你看髒了。」這是齊華在說。

我立即回答他：「我是一匹趕路的馬，千里風塵之間，哪有時間洗刷自己？也顧不得別人的眼睛怎麼看我，只顧睜著眼睛看前面的路。」

「說得妙！但是——」齊華緊逼著說：「你這匹千里馬可以不在乎別人的眼睛，萬一你的眼睛看到了自己的同類被一群豺狗圍襲，難道視而不見？」

「好，機鋒很健！」楊長勳看著我說：「我同意齊先生的看法。那匹被圍襲的馬，是你，又不僅是你。你不能過於灑脫。」

我沉默了，端起杯子喝一口水。顯然，他們說得有理。

「那，你們就給我簡單介紹一下圍襲的情況吧。」我說。

楊長勳從提包裡拿出一個筆記本，翻開一頁，看一眼，就說：「據我統計，這幾年國內誹謗你的文章已發表了一千八百多篇，這肯定不全；如果乘上每份報刊的發行量，那麼，與你名字相關的惡言惡語在全國就是一個天文數字。放心吧，你肯定創造了一個獨立知識分子遭受誹謗的歷史紀錄，不僅是中國紀錄，而且是世界紀錄。」

「他們哪有那麼多話可說？」我問。

「起點是你發表的那篇〈反盜版宣言〉。由於影響太大，幾個盜版集團都想封你的嘴，而你又軟硬不吃。正好那個姓孫的『石一歌』看你有名，在一些場合不清不楚地說你是他的『當年同事』，被北大一個與你同姓的學生聽到了。這個余家學生在『文革』時還是嬰兒，就憑著臆想寫了一篇文章攻擊你，說你就是『石一歌』。儘管誰也不知道『石一歌』是什麼東西，卻一下子捅開了中國文人憋了很久的咬人勁頭。盜版集團一資助，更是火上加油。看那些文章，好像都打了雞血針。奇怪的是，那麼多官方報刊也像是中了魔，居然都白紙黑字地印了出來！」

楊長勳又從提包裡拿出一大疊複印材料，逐一介紹起來——

「這是一個曾經把你吹捧為終極座標的人，現在跳到了相反的終極，竟然說你謀害了周恩來的養女，可能要篡奪國家最高權力。」

我看到，齊華的嘴張大了，很久合不上。他好像也沒有讀過這種文章。

「這兒，湖南的一本雜誌，說你在『文革』中一跺腳，大江南北都會顫抖。」楊長勳翻過幾頁，說：「更好玩的是，有一個評論家說，中國開始批判蘇聯修正主義，可能是你在做中學生的時候發動的。

「當然，膽子最大的還是南方那家週報，把那個姓孫的『石一歌』當作了代表國家總結『文革』的最高形象，整版整版地發表據說是他家裡『私藏』了幾十年的清查檔案……」

「真是歎為觀止。」齊華說：「這在別的國家，都是嚴重的刑事犯罪，連報社社長都有可能要進監獄，為什麼到了我們這裡，都成了嘉年華？」

我的眼睛，還看著楊長勳手上那一疊影本，他還只翻了很小一部分。

他瞟了我一眼，笑了：「還早著呢，再說兩天都說不完。但我不說了，只想為你作一個概括。前面這些誹謗文章加在一起，給了你一個稱號，叫『文革餘孽』。另外還有兩個稱號，一個叫『文化殺手』，一個叫『文化口紅』。」

「文化殺手？」我問：「這聽起來更嚴重。」

「這就是針對你反盜版。」楊長勳說：「你看，這是北京、廣州、長沙報紙上的一堆文章，都在批判你的反盜版。他們一致認為，盜版有大功，是對國家出版體制的重要補充和勇敢探索，你第一個站出來發表聲明反盜版，就是在扼殺一種新生的文化機制，因此是文化殺手。」

齊華又生氣了，插了一句：「這就是說，誰反抗強盜，誰就是殺手！」

我說：「我根本還沒有反抗呢，只說了幾句話。」

齊華說：「我看市面上你的書，九成是盜版。印你的書就像印偽鈔，但沒有風險。」

我又把臉轉向楊長勳：「怎麼又是文化口紅？」

「上海的一個文人揭露，有一個妓女也在讀你的書，還把你的書與她的口紅放在一起。因此判定你的書是文化口紅，號召天下正經的妻子和丈夫都不要去碰。」

楊長勳說到這裡作了一個總結：「近幾年來，整個中國文化界，只要有人提到文革餘孽、文化殺手、文化口紅這三個稱呼，一定是指你，沒有第二人選。」

「說完了？」我問。

「這些髒話從我嘴裡說出來讓你聽到，我已經造孽！」楊長勳重重拍了一下桌子，幾個杯子都抖了一抖。我看他前面介紹情況時口氣還比較平靜，沒想到他壓著一肚子氣。

我拿起他的茶杯塞到他手上，讓他平靜一點。他喝了一口，我和齊華也拿起杯子喝了一口，茶已經涼了。窗外還在下雨。

齊華開口了：「不能再這麼下去。想想看，該怎麼辦？」

楊長勳說：「這就是我這次趕到上海來的目的。我靜靜地看了幾年，覺得形勢對你非常不好。所有的媒體都知道，攻擊你這個大名人會大大增加他們的發行量，又不會承擔政治風險，因此越鬧越刺激。誰為你辯解，誰就跟著挨罵。更奇怪的是那個向你開第一炮的余家學生，現在已經成了持不同政見者，受到美國政府重視。美國人粗心，一定是把你當作了前國務院副總理余秋里。我想來想去，你唯一的辦法，是留下一份寫給讀者的聲明，在以後適當的時候發表，然後離開。離開上海，離開中國，而且要快。否則眾口鑠金，真會被他們滅了。」

「不，戰士寧死不逃！」這是齊華的聲音，讓我想起他曾經是個軍人。他看著我說：「所有的誹謗都刊發在媒體上，而我國所有的媒體又都是官辦的。你八十年代中期就已經是廳局級了，現在的好幾位國家領導人都是你當時的直接上司和同事，而且我聽說他們都是你的讀者。如果撥一個電話給他們任何一位的秘書……」

我立即按住了他的手背，說：「如果我撥了這樣的電話，十多年前的辭職就失敗了一半。與其求救，寧肯逃走。」

齊華伸起手來想反駁我，但他伸起來的手停在半空了。停了幾秒鐘，這隻手伸出了大拇指，朝我顛了顛。

「但是——」他又遲疑了：「能不能，不離開中國？」

我當然理解他的意思，說：「災難是我的宿命，我不離開中國。」

「那就必須離開上海！」楊長勳說：「我統計了，這些年誹謗你的文章，發表最多的是廣州、長沙、天津、香港，但發起者全在上海。你只要在上海一天，那些上海文人就一天安靜不下來。」

「我離開上海的決心早就定了。當年評審中文學科和藝術學科教授時被我否決的各單位人員，好像全都串連起來了，怪事接連不斷。最讓我難過的是，那台黃梅戲《紅樓夢》在海內外一路轟動，一到上海立即被圍殺。幾個文化人先挑唆戲曲界幾個老人無理取鬧，又欺騙北京一位在重要人物身邊工作的章女士介入，這台戲只能停演，偌大的上海一片幸災樂禍。當時我就要走。」我說。

至於留下一份給讀者的聲明，我請他們明天下午再在這裡聚會討論，我連夜寫一個初稿。

外面雨已經停了，圖書館走廊兩邊的樹木還在滴水。這個圖書館是我在讀中學的時候幾乎天天晚上都來的，一切都很熟悉，只是覺得變小了。已是傍晚時分，讀者們正在陸續離開。突然，有一位年輕的女讀者走到我跟前，停下，看了我一眼，又低下頭，說：「余先生，有人寫了一篇不好的文章冒犯你，我向你道歉。」

「什麼文章？」我問。

「說有一些特殊的女性在讀你的書。」她聲音很低，快速說完，轉身就走了。

她相當俏麗，很有風韻，把我們三個人的目光都吸引住了。我們看著她婷婷的背影行進在修剪得很好的灌木之間，又消失在圖書館門口。

「文章又不是她寫的，她為什麼要道歉？」我問。

「有三種可能。」楊長勳說：「第一種可能，她是那個作者的家人或朋友；第二種可能，她只是你的讀者，覺得你是因為受讀者歡迎才受攻擊的，因此要道歉；至於第三種可能，就不好說了……」

「說！」我命令他。

「第三種可能，她就是那個妓女。」楊長勳說：「這種可能最大。」

我回想她低頭低聲、快速離去的樣子，又把妓女說成是「特殊的女性」，也覺得有這個可能，就說：「那她就很高尚，我們誰也不認識她，她也不必道歉，但她卻道歉了！齊華，你說呢？」

我轉身看齊華，發現他還發傻一樣看著圖書館的大門。「太像了。」他喃喃地說。

我看著他，立即明白了。剛才我看這個女青年的時候真還覺得幾分眼熟呢，不錯，她就是一個活脫脫的姜沙，只是小了一代。

「像誰？」楊長勳問我。

「一時說不明白，」我說，「以後慢慢再給你說吧。」

這時我發現，齊華整個人全變了。我拍著他的肩說：「別忘了，明天下午，還在這裡！」

齊華點點頭，沒有吭聲。

那天晚上我為了那份給讀者的聲明，想了很久。中國民眾對謠言，從一開始就半信半疑，因此謠言在偽造出來的第一天就已經贏了一半。當這個謠言幾度重複，一半就變成了全部，當事人自己聲明「這不是真的」，沒人相信。想到半夜，我終於想出了一個辦法，那就是針對讀者最弄不清的「文革」和「石一歌」的問題，發表一個可以執行的「懸賞」——

一、任何人只要出示我用「石一歌」名義寫過的任何一篇、一章、一節、一段、一行、一句有他們指控內容的文字，我立即支付自己全年的薪金，作為酬勞；

二、一千多篇誹謗文章的任何一位作者，如果在「文革」期間已經成人，現在又能證明他在那時也像我一樣完全沒有參與過造反、奪權，完全沒有參與過揭發、鬥爭，完全沒有參與過「革命大批判」和「反擊右傾翻案風」，完全沒有歌頌過「文革」和樣板戲，我立即支付自己兩年的薪金，作為獎賞。

第二天下午，我按照昨天的約定，又來到那個房間，把這份「懸賞」稿給齊華和楊長勳看了。他們都說用懸賞的辦法很好，能夠最雄辯地說明事實真相。但是，他們又覺得第二個「懸賞」把握不大，不容易執行。「如果真有五個人在『文革』中什麼也沒有做過，來領賞，你就要拿出十年的薪金，那可是很大一筆錢啊。」楊長勳說。

「放心，我調查過，文化界裡邊，在『文革』中像我這樣乾淨的，至少還沒有遇到過。如果有，也絕不會寫誹謗文章。」我說。

但是，他們仍然認為，有機會，發表第一個「懸賞」就夠了。楊長勳說，「石一歌」的真實名單他已經全部搞清，他很奇怪，這些人為什麼不站出來說明真相？因此，他很想把名單公佈於天下。

「慢！」我說：「他們大多是膽小的老實人，現在已經被批判的聲勢嚇壞了。等我先一步步為『石一歌』除罪，到時候再公佈不遲。」

楊長勳說：「他們怎麼不想想，你代他們受了多大的委屈！」

我一笑，說：「忍受委屈是最好的磨練。」

這天下午，齊華心神不定，一直抬頭看窗外。窗外的雨還在下，但沒有昨天大。一頂頂不同色彩的傘，在視窗晃過。齊華只要看到比較鮮豔的傘，總會伸長脖子看一看傘下的人。但是，那個「姜沙」今天沒有來。

06 繼續逃跑

我和馬蘭商量，決定離開上海，在她工作的安徽合肥定居。

比起上海，當時合肥還相當貧困落後。城市建設完全不像一個省會，街道上擁擠著一排排酒、煙、藥的廣告，密不透風。我們住在三里街一處簡陋的宿舍裡，我在那裡寫了《霜冷長河》和《鞦韆架》。中國科技大學的朱清時校長聽說我定居合肥了，就聘請我擔任他們學校人文學科的兼職教授。我想，這也是我在合肥的一個不錯工作，就答應了，而且已經開始認真地講課。

在合肥幾年，我心裡很安靜。妻子經常要帶著劇院到各地演出，一出去就演很多場。當時國內有幾家報刊在全國各省做問卷調查，問廣大民眾最喜歡哪個劇種，最喜歡哪個演員，她領軍的劇種和她本人，幾次都名列第一。她不管到哪個城市演出，都一票難求。即使在臺灣大選期間，劇場外面每天晚上擁擠著幾十萬為選舉「造勢」的民眾，沒有一個劇團敢於在這種時候賣票，而她的演出還是場場爆滿。在大陸很多城市，她都創造了連續演出場次最高的紀錄。戲劇危機，在她身上從未體現。

她分佈在全國各地的戲迷，組成了一個龐大的聯盟。如果她去北京演出，那個聯盟的各地成員都會用各種交通方式趕到北京，由北京的成員負責接待。在這個群體中，我一律被叫為「姐夫」。這一叫，走投無路的我也稍稍有了一點安全感。

但是，最想不到的事情發生了。

妻子幾次回家，表情奇異地告訴我，不知怎麼回事，上上下下突然都躲著她的目光。過了一陣，她說，她在劇院的領導職務被解除了。再過一陣，又說，她擔任了十幾年的全國人大代表被「選掉」了。很快，她的其他職務也像進了漏斗，全都漏光了。等到她身上什麼也沒有的時候，她想在劇院裡做任何事都變得艱難重重。

一位剛剛退休的省委書記把她找去，悄悄告訴她：「他們的『局』排定了，沒有你。你還是走吧！」

她驚訝而又慌亂地看著書記，說不出一句話，只在心裡問：「他們」是誰？什麼叫「局」？我為什麼要走？走到哪裡去？……

她等著任何一級現任領導人找她談話，說一個理由，或一個藉口。但等了很久，沒有一個人來。她也不再有演出任務。外地劇場來邀請，都有人回答說她「不在」，「去上海了」。後來漸漸明白，他們是在用這種方式，讓她自己走。只有她自己走了，才能向觀眾交代，是她自己放棄了劇種，放棄了家鄉，放棄了觀眾，自己要走。

但是，我還是和她一起在合肥家中等。這時我發現自己非常脆弱，闖蕩恐怖主義地區時的膽量不知到哪裡去了，我居然只是在等待著他們的領導回心轉意。我想，如果馬蘭是話劇演員、京劇演員、歌劇演員，我就不會這麼窩囊，因為她還可以在別的城市找到工作。但是，馬蘭是黃梅戲演員，如果一個人到了北京、南京或其他任何城市，還怎麼演戲？因此，要她走，等於要她徹底失去工作。我甚至設想，如果有一個管事的幹部來找馬蘭談話，我會搶著對他說：「我作為一個戲劇學家，太知道她在表演藝術上已經達到了什麼高度，在全國處於什麼地位，在海內外擁有多少穩定的觀眾群體，而她主持的黃梅戲改革才剛剛開始……」

然而，我沒有獲得說話的機會。因為一天又一天，沒有接到一個電話，沒有聽到一聲敲門。

那些日子，馬蘭只是等，卻不問、不求、不爭。她的人格等級和藝術等級，是由許多「不」字組成的，在任何情況下都不會打破。在等的過程中，她一直唸唸叨叨地在猜測其中原因，而且全往自己身上找。「也許那次北京官員來視察，我沒有聽從省裡的意思去參加聯歡會？」「也許是我從來沒有向上級彙報過思想？」「也許我宣佈不再參加評獎，會影響官員的政績？」「也許他們動員我入黨，我因為怕開會沒答應？」……

我說：「一個純粹的藝術家，當然與眼下的文化環境格格不入。但是，造成你現在這樣的處境，主要是一個原因，因為我。全國那麼多人在報紙上對我的長時間圍攻，給這裡的官員造成一個強烈的印象，以為政府討厭我了。他們在這個當口把你更換掉，是一種響應，也是一個機會。」

妻子沒有反駁我。是的，說到底，是我害了她。

那年，她才三十八歲。和當年嚴鳳英離開人世，是同樣的年齡。

一位七十高齡的老太太在合肥桐城路的人行道上堵住了馬蘭。馬蘭一看，是嚴鳳英的同台姐妹，也算是自己的藝術前輩。老太太一把拉住馬蘭的手，說：「又是三十八歲，他們怎麼總是這樣，總是這樣……」剛說兩句就哽咽不止。馬蘭撫著老太太的背，不知說什麼好。

上海沒法留了，安徽不讓留了，我們能到哪裡去呢？

馬蘭最看不得的，是爸爸、媽媽的遭遇。就在前不久，當馬蘭帶著劇院到海內外演出讓大家都風光無限的時候，爸爸、媽媽幾乎天天都遇到熱情的笑臉、誠懇的問候。現在，大家聽說「上級」不再理會他們的女兒，大多數笑臉和問候都立即冰凍了。老人家又回到了做「右派」的年月，面對著一雙雙冷眼。少數人想走過來安慰幾句，卻又前後左右地警惕著不要被別人看見，像做地下工作一樣。

三里街的住所看不到旭日，卻能看到一小角夕陽。馬蘭背靠著幾件徽派的木雕看著我，久久不說話。她平日幾乎不流淚，這次卻流淚了。她趕忙擦去，別過身去看夕陽。這個夕陽下的剪影，讓我幾天失眠。

有一個我早年的學生劉勝佳來敲門。他告訴我，有一個城市，人人匆忙得連在路上撞到了也不會停下步子來爭吵，誰也捨不得花時間寫文章罵人，而且那兒也沒有幾個文化人，根本不會在乎你們。那個城市，就是深圳。

我一聽，居然有地方誰也不在乎我們，那該多好，就決定動身去深圳。當時深圳的房子還不貴，我用稿酬買了一套住下，不久，把岳父、岳母也接去了。

在深圳，我和馬蘭都沒有工作，不用上班，就把精力全部花費在房子裝修上。好在兩人都吃過苦，什麼勞累活都扛得下來。為了辦各種手續需要在一個個小窗口排隊，那是馬蘭的事，好在深圳沒有多少人能把她認出來。我負責買各種零碎的傢俱，主要是到那些大賣場的攤子裡買，還學會了討價還價。兩人每天回家，都塵土滿身、腰酸背疼。

馬蘭排隊的成果之一，是家裡裝了電話。想把號碼告訴朋友們，但是，兩個人失神地想了半天，想不出幾個需要通話的朋友。朋友很多，但在遭難時能站出來說一句公道話的朋友，卻少而又少。

馬蘭很想到深圳任何一個單位找一份工作，只要不是文藝方面的她都願意，連重新做一個工人也可以。她知道，靠我以前從盜版集團牙縫裡漏出來的一點稿酬也能過日子，但我現在這樣天天挨那麼多媒體的狂轟濫炸，也不會再寫什麼書了。她想，如果以後年紀大了，有了醫療方面的特殊需要，又怎麼辦呢？

她寫了幾封信給安徽的有關領導，要求辦調動手續。她想，如果那裡同意辦，再在深圳找單位。但是，每封信都石沉大海。

一天晚上，電話鈴突然響起，這在我們深圳家裡是很少有的。我急忙去接，是廣西楊長勳打來的，他是我告訴過電話號碼的少數幾個朋友之一。

楊長勳在電話裡大聲說：「太厲害了，你逃到哪裡都被他們罩住！你知道他們現在在報紙上罵你什麼嗎？」

「罵我什麼？」我懶懶地問。

「罵你深圳的房子！他們說，你的房子是深圳市政府送的，代價是為他們說好話。」

我一聽就直起身來，問：「又是什麼人在那兒誹謗？」

「就是那個曾經歌頌你為民族脊樑、後來又編書盜印你文章的那個人，姓蕭，好像在一個雜誌做編輯。」楊長勳說。

「他不是在北京嗎？」我問。

「深圳也有他們的人。在中國，你到哪兒也逃不掉，我早就說過了，還得走！」楊長勳說。

接完電話我楞了好一會兒。這事，不僅僅罵我，還罵到了深圳市政府。深圳市的市長是誰，我都不知道，但是如果我不出來澄清，政府蒙了冤，一定會遷怒於我們。那麼一來，我們還能在這座城市住下去嗎？

因此，我百般無奈，托北京一位律師打一個官司，只想證明我沒有拿過政府的寸土片瓦，那個蕭編輯損害了我的名譽權。不久北京的律師來電話，說北京的法院判了，我敗訴。上訴到中級法院，又敗訴。兩份判決書都寫得很深奧，好像是在維護「言論自由」，但是我和律師都看不懂。

原中國政法大學校長、著名法學家江平教授對記者發表談話，「一套房子並不是一個小皮包，被告當然是侵犯了原告的名譽權。」但是，法院完全不予理睬。

北京的報紙以通版的大字標題刊登了我敗訴的消息。

我問了兩個在媒體工作的學生：「有沒有可能在哪家報紙上說一個簡單的事實，購買那房子的每一分錢，都是我自己的稿酬？」

兩個學生幾乎同時回答：「不可能。報紙已經『炒』完這事，這事就過去了。其他報紙與那些報紙都是官方的，而且屬於同一個宣傳系統，是一家人，更不會為了您得罪同行。」

我又問：「法院為什麼要這樣判呢？」

這兩個學生說：「現在中國法學界有些人把比較成功的文化人都叫做『公眾人物』，說他們面對言論自由的時代還不夠成熟，法院要錘煉錘煉他們。」

我無言。但最後還是嘟噥了一句：「難道是中國法律成熟？在上一代『公眾人物』巴金、老舍、嚴鳳英全都陷於大難的時候，它在哪裡？」

這些法官一定會嘲笑上一代的「公眾人物」沒有能耐，大半給錘煉死了。

住在深圳也成了問題。

我開始理解楊長勳要我離開中國的意思了，儘管我心裡還在爭辯。

這天，我和馬蘭在路邊散步，她的神色十分憂鬱。我判斷一定是有了新的壞消息，等著她自己說出來。

每次都是這樣，她怕我難過，猶豫地看著我，最後還是說了。她發現，她的爸爸、媽媽好幾次都把頭湊在一起嘟嘟噥噥，一見她進門就立即分開，又把什麼東西藏藏掖掖。她假裝沒看見，心裡卻一直有個疑竇。幾天前她終於找到了老人家藏在墊被底下的那東西，是一疊誹謗我的報紙。

她想安慰他們，但說了幾天都沒用。老人家還是老觀念，在他們心目中：國家辦的報紙等於是「政府喉舌」、「中央文件」，連篇累牘地痛罵一個人，其實就是「打倒」。女兒被驅逐，女婿被打倒，兩位歷盡苦難的老人家臉色蒼白。岳父渾身無力，岳母通宵失眠。

岳父、岳母的緊張，使我想到在上海的爸爸、媽媽。爸爸的血壓、心臟、眼睛都不好，在幾個老人中身體最差，萬一……我立即買票從深圳趕回上海。

先問弟弟。弟弟說，媽媽不看報，爸爸因為眼病越來越嚴重，也不看了。

我問：「爸爸、媽媽有沒有可能聽到我被報紙誹謗的消息？」

弟弟說：「有一次爸爸到醫院看病，發現桌子上有一本印著你名字的《文化苦旅》，就與醫生說了幾句，這一下子就在醫院裡彙集了一批『粉絲』。爸爸為了看病方便，與這些醫生有一些交往，可能會講到你的一些事情。」

「醫生會不會把外面報紙的情況告訴他？」我問。

「不知道，大概不會吧？」弟弟沒有把握。

我關照弟弟：「一定不要讓爸爸看到那些報紙。」

弟弟說：「我們會因為他的眼病，禁止他碰報紙。」

我當即就去看了爸爸、媽媽。在父母親的住房裡我東摸西摸，想看看哪裡還不太舒適，更想看看哪個角落有沒有堆放著報紙雜誌之類。都沒有，我就放心了。

這次回上海，發現這座老城市的發展速度已經超過深圳。與民眾生活關係最密切的，是很多「超市」的湧現。我陪著爸爸、媽媽去了一次徐家匯的東方商廈，把兩位老人家嚇著了。他們辛勞一輩子，節衣縮食，從來沒有想像過人世間居然有那麼多光鮮的物品可以供人們自由選擇。但對這種自由，他們一時消受不了。走在裡邊，他們覺得自己又土又老，怕走錯路、說錯話，直到出了大門，才舒了一口氣。

我陪著他們在大門口站了一會兒。大門對面，隔一個熱鬧的路口，就是那家老式的第六百貨商店。這種百貨商店是爸爸、媽媽熟悉的，但我不想陪他們過去，怕他們看到奄奄一息的景象而難過。幾年前這家百貨商店要從國營「轉制」為股份制時，我曾遇到過裡邊的一位年輕經理。他說：「我們這種國營企業，一無車間，二無品牌，三無技術，四無資金，絕大多數顧客都到大大小小的『超市』裡去了，轉制後很可能倒閉，老職工的情緒一片灰暗。」

「老職工？」我突然問：「你們的退休職工中，有沒有一位很像觀音菩薩的老阿姨？」

「她姓什麼？叫什麼？」經理問。

「不知道。」我說，「只知道她三十多年前站過棉衣櫃枱。」

「老式百貨店分工不明確，這麼多年了，人員變化很大，沒有名字很難找，我問問吧。」他說。

談到後來，經理問我，有沒有可能在他們「轉制」的困難時刻參一點股。他說：「我們商店的很多職工都是你的忠實讀者，如果你能用寫書的稿酬參一點股，一定能提升他們的信心，穩定他們的情緒。」

我對這家老式百貨店在大量「超市」包圍下前途如何，毫無把握，但還是決定給予幫助。對於自己手上經過盜版集團一輪輪洗劫後偶爾留下的一些錢，發現自己能夠自由操縱，我享受著一種僥倖中的不計後果。但是，有時想到我和妻子兩個已經不上班的人的今後生活，又覺得自己過於冒險了。

現在我陪著爸爸、媽媽站在這家百貨店的馬路對面卻不敢過去，是出於一種冒險行為開始之後的慌張。年幼時慌張了，有爸爸、媽媽在身邊就不再慌張；年長時慌張了，有爸爸、媽媽在身邊就更加慌張。

後來聽說，由於那位經理和職工們的努力，這家百貨店起死回生，慢慢地融入了徐家匯商城。

但是，我始終沒有告訴那位經理，當時我冒險入股並不是由於他的悲情動員，而是出於一個記憶。這家老式百貨店曾經掛過油膩膩的黑色棉簾子，一個渾身淋濕的大學生用三元錢買得一包棉衣，在冰天雪地中活了下來。

我在上海與父母親一起過了幾天，又回到了深圳。

在深圳我認真地下了一個決心：為了四位老人少受一點驚擾，真的不能再寫書了。

本來，我作為當代世界唯一親自貼地考察了人類全部重要古文明遺址的學者和作家，是打算在發表那些考察筆記之後，開始寫一些重要作品的。可惜這個計畫沒有開始就中止了。因為在「偽鬥士」長年不息的鼓噪中，在親人們遮遮掩掩的淚眼中，我無法進入預期的寫作。

不寫書了，也就不想讀書了。我就鋪開宣紙，寫一些毛筆字。這一寫，又回憶起了小何老師要我們用兩頁小楷換借一本圖書的往事。那個最小的圖書館，我的閱讀的起點。當時我不明白閱讀也會有終點，現在，寫作和閱讀的終點都已同時出現，那就保留小何老師教給我們的另一項本事，寫毛筆字吧。

馬蘭天天站在一邊，看我寫毛筆字。我抬頭看她一眼，說：「你有那麼多觀眾，我有那麼多讀者，但一轉眼，我們找不到他們了，他們也找不到我們了。」

我們兩人，對佛教有了更多的親近。

有時，馬蘭會在我耳邊輕輕哼起小時候外婆在搖籃邊唱的兒歌。小時候家鄉總是洪水氾濫，那搖籃正掛在水邊的屋簷下。

山黑了，
水白了，
天邊的漁船不見了，
山上的小廟坍掉了。
外公提著燈來了，
和尚打著傘來了。
燈滅了，
傘斷了，
外公又在咳嗽了，
和尚又在念經了……

終於，一個一直害怕著的電話打來了。弟弟的電話，說爸爸摔了一跤，生命垂危。

我和馬蘭立即趕往上海，爸爸已經去世。那一天，是二〇〇二年十月十七日。我們到達醫院的時候，停止了呼吸的他卻一直張著嘴，好像有一些話沒有講完。我用手托在他的下巴底下讓嘴慢慢閉合，但一鬆手又張開了。最後，當媽媽伸手一托，爸爸的嘴就閉合了。媽媽輕輕地撫摸著爸爸的臉，很快又抽回手來捂住了自己的嘴。她不讓自己哭出聲音來，因為她知道隔壁的幾個病房都在搶救，不能讓那些病人聽到哭聲。

從醫院回到家裡，弟弟為了尋找在追悼會上要掛的照片，打開了爸爸天天翻動又天天緊鎖的抽屜。照片很快就找到了，卻又發現抽屜裡藏著大量文字資料，一疊又一疊，一袋又一袋。

我知道，這是一個老年男人的最後秘密。這個老年男人與我的關係如此密切，我立即去洗了手，然後坐下，閉上眼睛，靜一靜心。過了很久，我才敢去輕輕翻動。

儘管我已經作了充分的思想準備，但是當我真的一頁頁翻看那些文字資料時，仍然非常吃驚。

第一部分是他寫給造反派當權者的「借條」留底，這是我以前完全不知道的。原來，在他關押期間，媽媽前去探監時給他說起家裡的事，他毫無辦法，只得冒險向當權者借錢。他在十年間沒有借到過一分錢，而每張「借條」都必然引來一次次殘酷的批鬥。有幾張「借條」，我剛剛一讀鼻子就酸了。例如，我叔叔領養的表妹要在安徽農場結婚，但叔叔已被害死，爸爸決定用叔叔留下的一個舊箱子作為陪嫁，卻想「借」一點點錢，買一床被褥裝在這只舊箱子裡。又如，一張「借條」上說，寒冬已臨，但我家八口人的「布票」還沒有用過一寸，希望當權者看在老人和小孩的份上，借點錢……

第二部分是他們單位造反派批判他的大量印刷品。隔了這麼多年，我現在一讀還背脊發涼，例如這一段，好像是一篇新聞報導——

當天鬥批大會上余學文這個壞傢伙的畫皮被層層剝開了，在毛澤東思想的照妖鏡面前，原形畢露。但敵人是不會自行消滅的，他還要伺機反撲，不要以為余學文是「死老虎」，這個老虎還沒有死，還要咬人，我們不要被他裝出一副可憐相的假象所迷惑，必須高舉毛澤東思想的千鈞棒，繼續窮追猛打，必須以毛澤東思想為武器，繼續批深批透，批臭批倒，再踏上一隻腳，讓他永世不得翻身！

經過「文革」的人都知道，這些空話又不全是空話。其中所謂「裝出一副可憐相」、「窮追猛打」、「再踏上一隻腳」等等都是實情描述。爸爸真是受大苦了。

為什麼要讓爸爸「永世不得翻身」呢？印刷品中又寫明了他的罪行——

當「二月黑風」颳起之後，這個死不悔改的壞傢伙就跳了出來，公然為劉、鄧及其代理人陳丕顯翻案，把矛頭指向以毛主席為首、林副主席為副的無產階級司令部，指向新生的上海市革命委員會，真是狗膽包天，罪上加罪。

文中所謂「新生的上海市革命委員會」，第一、第二號人物就是張春橋和姚文元。

這下子，我終於明白了三十多年前就產生的疑惑。爸爸這麼一個小人物為什麼會承受那麼嚴重的迫害，直到造反派下台、老幹部上台之後仍不得解脫？原來，他所在單位的「廣大人民群眾」從他的日常閒談中提煉出了這麼多「上及天庭」的政治罪名！在災難時期，他怕嚇著我們，沒有說；災難過去之後，他不想拿這樣的東西為自己貼金，還是沒有說。但他又捨不得丟掉，就藏下了。

我敢斷言，這樣的印刷品，是後來全國絕大多數號稱自己在「文革」中「立場堅定」的文人拿不出來的。他們如果有一份，或者他們的爸爸有一份，哪怕上面只有一句半句，不知要做出多少文章讓大家景仰。但是爸爸卻把它們全都鎖在抽屜裡，直到此刻，三十二年之後，我才看到。

等我看到，他已經走了。我連當面說一聲欽佩的機會都沒有。

我猶豫了很久，曾經選了幾頁這樣的大批判印刷品，附印在《借我一生》那本書中。

我在那本書裡諱避了一個細節：與這些印刷品放在一起的，是兩疊近幾年誹謗我的官方報刊。以廣州的一份週報為主，有湖南的幾份報紙和雜誌、天津的一份文學雜誌、上海的一份文學報紙。這些報刊誹謗我的內容，全與文學無關，都是政治謠言加政治帽子。這些報刊的字裡行間，有不少鉛筆劃痕，可見，幾乎已經失明的爸爸，還是逐字逐句看了。

我看到這些遺物後曾急忙向他熟悉的幾位醫生打聽，這些報刊是怎麼到他手上的。醫生說，是他自己不斷索取的，說是我在國外，要代我收集資料。他還一再要醫生放心，為了眼睛，他不會看。

其實他騙了那些醫生，他不僅看了，而且看得非常徹底。他把相隔三十幾年的兩種相同文字放在一起，反覆對比，我立即想像出了爸爸的最後歲月。他的高血壓，他的心臟病，他的白內障，他因渾身乏力而摔倒……爸爸，是為我死的！

厚厚一抽屜的災難文字壓了他半輩子，而那兩疊誹謗我的官方報刊，則是壓垮他的最後一捆稻草。

追悼會之後，我們把爸爸的骨灰盒寄存在一個殯儀館的安靈堂裡，準備擇日移回家鄉安葬。祖父、祖母、外公、外婆、叔叔、姨媽、益生哥，一大批親人都等著他。

在這批親人中，爸爸歷來地位不高，原因是嘴笨。可以想像，這次他到那裡見了親人們，也會像往常一樣謙恭地點過頭，便找一個不引起注意的角落坐下，只聽大家講話。但是，這次親人們不會讓他那麼躲閃了。即使他最敬畏的家長，我的祖父，見到他也會深感羞愧。畢竟，祖父走得那麼不負責任，而爸爸在人世間堅持了那麼久，苦熬了那麼久。祖母最瞭解自己的這個兒子，外公、外婆也會滿意沒有找錯女婿。我叔叔，曾為姑媽的死亡承擔了責任，而爸爸，又為叔叔的死亡承擔了責任。在「文革」災難中，如果不是叔叔先自殺了，爸爸多半會自殺，因為爸爸的意志遠沒有叔叔堅強，但是，堅強的叔叔為了更重要的堅強，把祖母託付給了爸爸。爸爸終究不辱這番重托，還維持了全家。

爸爸見到了姨媽和益生哥，一定不知從何說起。姨媽太在乎自己兒子的成功了，而益生哥又把自己的麻煩看大了。爸爸能在人世間堅持那麼久，就是因為從來不看重成敗得失。他最後沒有能過得了我蒙受官方媒體誹謗這一關，不是因為他，而是因為那股黑勢力實在太大。我想他已有預感，就像他強過祖父，我也會強過他。因此，他是死於憤怒，而不是死於害怕。

07
守護

因為我爸爸的突然離去，馬蘭更擔心起她的爸爸、媽媽來了。事實證明，那些誹謗文章對我們的長輩有最直接的傷害，而馬蘭的爸爸、媽媽，仍然把官辦的報紙看成是「中央文件」。

「我知道你一定不願意，」馬蘭對我說：「你能不能參加中央電視台的任何一個節目，讓我的爸爸、媽媽看到，『中央』並沒有『打倒』你。」

這事既可笑又淒涼。我說，讓我想一想。

正好中央電視台有一個全國青年歌手大獎賽的節目，需要找一位專職的「文化素質評委」，希望我擔當。照理，一個辭職的高校校長是不可能參與這樣等級的事情的，但我想起妻子的話，猶豫了。最後，答應了。

沒想到這個節目在全國的收視率極高，而且，「文化素質」比歌曲比賽更有吸引力。選手們從題庫裡隨機抽出了古今中外的文化課題，支支吾吾地回答得非常有趣；與此同時，全國無數家庭的電視機前，子女正在調皮地測試著父母親，而妻子又在斜眼看著丈夫。這一來，這個節目很快變成了一個有上億人參與的文化大課堂。一次比賽長達五十多天，我每天都要講述很長時間，我想岳父、岳母應該寬心了。

但是，可能全國觀眾對我的文史知識評價太高了，很快有一個姓金的上海文人寫出一本書來，指出我的《文化苦旅》裡有一百多個「文史差錯」。

這是只有上海文人才想得出的聰明點子——

第一，向著「文史知識」的當紅熱點衝擊「文史知識」，立即就能成為新聞焦點；

第二，凡是買過《文化苦旅》的讀者都會去買一本他的「糾錯本」，因此幾天的發行量就能趕上《文化苦旅》十幾年的結果，而且，很多剛剛聽過我講評文史知識的電視觀眾也會去購買；

第三，現代人既缺乏文史知識，又都很忙，書買來後看不明白就擱在一邊了，沒有時間去仔細查核；

第四，即使有人花時間去核查了，又寫了反駁文章，也沒有媒體會刊登。因為媒體只報導名人出錯，不會報導名人沒出錯。

這些判斷全部應驗。由南方那家週報領頭，全國一百六十多家官方報紙摘引了他的書，臺灣也快速出版這本書，這本書登上了亞洲暢銷書排行榜，他本人還被香港書展作為特邀嘉賓邀請到現場簽名售書。

出乎我的意料，正是在這個當口上，一位八十高齡的老人悄然出現了。他就是國際知名的當代頂級學者、復旦大學古籍整理研究所所長章培恒教授，我至今還不認識。他親自寫出了長篇文章逐一駁斥了那個人的那本書，指出真正有「駭人錯誤率」的並不是我，而是那個人，而且犯的是連高中學生也不會犯的錯誤。章培恒教授的結論是：

可悲的是，時至今日，對作家做這種無端的攻擊乃至誣陷，不但用不到負什麼責任，卻反而可以在媒體的炒作之下，一夜之間名傳遐邇。

章培恒教授這麼一個大學者的反駁，全國沒有媒體報導，因為他批評了「媒體的炒作」。只有一家發行量很小的學術刊物，發表了他的文章。這使那個姓金的人有點緊張，他的場面已經鬧得太大，完全忘了國內還存活著幾個有學問、有耐心、有道義的文化人。他知道，只有製造一個新謊言，才能掩蓋老謊言，於是立即戲劇性地製造了一起「余秋雨剽竊章培恒」事件。

他又成功了。二〇〇四年六月，他在北京的一家著名的讀書報上發表文章，「揭發」我論崑曲的一本著作「剽竊」了章培恒先生的幾百個字。一個月後，他又在天津的一家文學雜誌上論述這個「剽竊」事件。又過了一個月，他出版了《月暗吳天秋雨冷》一書，封面上赫然標出「剽竊的行為，觸目驚心」。接著他又大規模地發表文章，說我寫那本書時才三十九歲，年紀輕輕就剽竊了；又說，他對我的揭露，「引起了京、滬、寧、粵等地學術界的譁然」……

就在這時，聯合國的「世界遺產大會」在中國蘇州召開。為什麼選蘇州呢？因為蘇州地區產生的崑曲是中國最早進入世界非物質文化遺產名錄的項目。大會的主辦者很清楚，崑曲進入名錄的關鍵之一，是我幾十年來在國際間對崑曲的那些論述。因此，他們要我親筆書寫「世界遺產大會碑」的碑文，刻石誌記。當然，我更是大會的主要演講人。

但是，不早不遲，姓金的人製造的「剽竊事件」及時發酵了。北京那個蕭編輯，在網路上掀起了一個「把余秋雨驅逐出世界遺產大會」的運動，理由是，我對崑曲的論述「剽竊」了章培恒教授的文章。

「驅逐余秋雨」的運動在網路上如火如荼，很多網民一聽「驅逐」，就勁頭百倍。「世界遺產大會」怕引起混亂，連邀請我去參加的可能也沒有了，更不要說演講。

他們取得了全面勝利。

仍然是章培恒教授，拼著病衰之身又寫出了一篇長文〈余秋雨何曾剽竊我的著作〉。但是，所有發表過「剽竊」指控的報刊，都不予刊登，最後仍然只能刊登在一個研究所的刊物上。

有一位讀者在圖書館發現，我當初在引述章培恒先生幾百字的時候加了明確的注釋。他就拍下照片，寄給那些發表過「剽竊」指控的報刊。這位讀者在寄照片的時候還注明了自己的身份證號碼、職業、通訊地址和手機號碼，以示負責。但是，那些報刊都拒絕刊登他寄去的照片。只有一位叫田志凌的記者看到照片後給那個姓金的人打了電話，那個人一聽有了照片，便慌忙回答：「我當時有點想當然。」

這就是說，他在全國報刊上指控我「剽竊」，完全是「想當然」！那位記者把他這句「想當然」的話刊登了出來。其他所有參與誹謗的報刊，仍然都沒有刊登。

這樣的中國文人真是闊氣，掀起了如此滔天巨浪，連聯合國「世界遺產大會」也攪動了，結果居然那麼「輕巧」，而全國那麼多報刊也沒有對他作半句譴責。

對這一系列的怪事，有一個人血脈賁張，那就是楊長勳。他已經從雲南藝術學院調入廣西師範大學，天天關注著我所面臨的文化災難，氣憤至極。來幾次電話，在痛罵之後又抽泣不已。他說自己正在動手寫一本長長的書，把我這幾年所承受的一切，一一予以剖析。這就使他不能不彙集全部資料，結果，越讀越忿怒，越寫越激動。有幾次，他在電話中說：「昨夜一夜沒睡，喝了不少酒，我快滅絕了。」

整個二〇〇五年，他都在寫這本我不知道標題的書。他數度自費到北京、武漢、長沙、廣州等地調查。有時，我會在清晨接到他的電話，他總是恨恨地說：「我必須揭露這些人。

這些人的經歷我都搞清楚了。如果不揭露，中國文化就被他們糟蹋完了！」我知道，他又寫了通宵。

電話裡傳來鋼琴聲，我問是誰在彈，他說是年幼的女兒。說起女兒，他口氣才稍稍變得柔和。

二〇〇六年元旦剛過，他打來電話說：「書終於寫成了，我要讓你看一看。但請答應我，你看的時候不要過於憤怒。我已經用幾年時間代你憤怒過了，你再憤怒，就便宜他們了。」他不想把這部書稿郵寄，因此希望我的助理金克林能到廣西南寧去取。他說，這兩天，他會最後潤飾一遍。

金克林是一月七日抵達南寧的。楊長勳為了書稿已經兩天沒睡，見了金克林，他又流著眼淚喝酒。結果，發生了誰也沒有想到的悲劇：二〇〇六年一月八日，楊長勳副教授在沉睡中去世，終年四十三歲。醫院鑑定為：心源性猝死。

那部書稿，由金克林帶到了上海，標題是：《守護余秋雨》。

又一個生命，為我離去。他想守護我，但我沒有能守護住他。

我會一輩子記住這個名字：楊長勳。

我不知是怎麼看完書稿的。但是，看完後，我決定通過金克林，與楊長勳的妻子商量，暫時不出版這本書。書中的內容太徹底了，那幾個「偽鬥士」在「文革」災難中的所作所為，在新時期以來每場政治風波中的投機表現，以及後來與盜版集團的關係，都有了證據。他甚至揭露，他們已經開始用某些神秘「基金」組建網路團隊……

這本書中，楊長勳引用了四五十位見證人的談話紀錄和文稿，卻沒有說明這些人是否已經正式授權同意發表。我相信，在他的遺物中一定能找到這些人的聯絡方式，更相信很多出版社為了獲得這部書稿都願意千方百計與他們一一簽署同意發表的授權文書。但是，即使這樣，我還是要勸阻出版。

原因有二：

第一，我們面臨著一個只審視被罵者、不審視罵人者的巨大陷阱，沒有人會去關注那幾個「偽鬥士」的真相；

第二，即使有人關注了，也只是為社會增添了惡的觀感，但這種觀感在中國已經積累太多。我不能為了洗刷自己，把他們的惡變成公共垃圾。

而且，我還從楊長勳整理的材料中看到，那幾個「偽鬥士」的惡，大多是因為從小缺少善和愛的滋養，形成了一種可謂「攻擊亢奮型」的精神障礙，其實都是病人。例如那個糾纏我最久的人，小時候居然是被父母親當作物品賣掉的，即使變態，也很值得同情。這實在是一種「世代遞接災難」的人類學課題，龐大而又深遠，不應該只是就事論事地譴責這幾個人。

據金克林說，楊長勳的妻子同意我的決定。

我和馬蘭每天都躲在深圳家裡，很少外出。樓下大門口有一排信箱，也有我們的一個。馬蘭關心樓下的信箱，還是在等安徽政府部門的回信。

這天她又沮喪地上樓了，手上拿著一封從上海轉來的英文信，交給我。

我拆開，看了一遍，不相信，再看一遍。

馬蘭發覺我的鼻子輕輕抽搐了一下，趕緊過來，問我怎麼了。她知道事情出在那封英文信上，就把那信拿過去，用一隻手拍在信紙上，問：「上面寫了什麼？」

我又把信紙拿回，閉了一會兒眼，抬起頭來對她說：「這是美國紐約市文化局、林肯藝術中心和美華協會聯名寫給你的一封公函，通知你，你已被他們評為亞洲最佳藝術家。而且，還是其中的終身成就獎獲得者。」我盡量說得平靜。

「這不可能。我已經好幾年沒演了。」她搖頭。

「信上說，這是美國二十四位資深戲劇評論家投票的結果。他們中不少人，在十年前看了你在洛杉磯的演出。其他評委，也看了你的錄影。」我說。

她的表情開始凝凍。

我繼續說下去：「信上還說，這個獎的評判標準很嚴。『亞洲最佳藝術家』已經很不容易，而其中的『終身成就獎』更是少而又少，除了電影藝術家黑澤明，舞蹈藝術家林懷民外，中國戲曲界只有張君秋、袁世海等寥寥數位得過。你是幾十年來這個獎項的最年輕獲得者。他們正在安排時間，你要親赴美國紐約領獎，還要準備作一個獲獎演講。」

她不說話，一直呆坐著。

我說，我陪你到外面散散步吧。

這是傍晚時分，深圳的空氣中充滿潮氣，有點悶。我們在一條木架路上默默地走了很久，她突然說：「這事千萬不能讓國內的媒體報導。一報導，不知會折騰出多少是非。」

我當然知道她的意思。不是怕，我們兩人已被遭踐成這個樣子，早就不怕什麼。但是，我們還是擔心一團團嫉妒的陰雲把文化界更多的好事全都變成壞事。因此，這些年來我只要遇到了有可能引起別人注意的事，總是小心翼翼地躲開媒體——

例如，我應邀到美國哈佛大學、耶魯大學、哥倫比亞大學、馬里蘭大學、紐約大學作有關中華文化的巡迴演講，其實每次都很轟動。現場總有不少華文報刊的記者，我都請求他們不要報導，免得引起國內媒體的注意。

二〇〇六年初收到北京《中關村》雜誌的通知，根據他們在很多知識分子中的投票評選，我被評為「中國最值得尊敬的文化人物」。我立即回信請求他們，這個消息只能在他們自己的雜誌上低調刊登，不要廣泛報導。

又接到通知，聯合國教科文組織、北京大學和《中華英才》編輯給我授獎，表彰我「以一個獨立知識分子的持續努力，把『深度研究』、『親身考察』、『有效傳播』這三項學界使命結合在一起，在海內產生了巨大影響。」我又立即請求他們盡量不要報導。

上海終於傳來了正面消息，上海市教育委員會決定在高等藝術院校設立大師工作室，經過評選，先確定了周小燕教授和我。這就意味著，我和妻子又可以回上海居住了。但是我與上海市教育委員會糾纏了很久，希望不要用「大師工作室」這個名號，因為這又會讓那些「偽鬥士」鬧上一陣。上海市教育委員會說這是一種早就定下來的體制，改不了，但同意我的意見，不作廣泛報導。

然而，不管怎麼掩蓋，也總有缺口被那些人擠進來。眼前又有了一件：我在家鄉出生的老屋，由於經常有不少海內外的讀者來參觀，給現在的屋主帶來很大的困擾。我聽說後就把它買下，贈送給鎮裡，請他們見到參觀的人開一下門。但是，老屋已是危房，維修、打掃、看管的事情超出了鄉親的能力，因此鎮裡就問縣裡，能不能由縣裡保管。這本是一件芥末小事，不知怎麼被一個年輕村民捅上了網，那幾個「偽鬥士」一見，又在全國掀起軒然大波。所有的矛頭都針對著我可憐的鄉親，罵他們怎麼膽敢把我家老屋當作「文物保護單位」而試圖賺錢。我知道，這鋪天蓋地的網上風潮，一定把鎮裡的鄉親和縣裡的官員嚇著了，哪裡還敢再保存老屋。我連忙寫信給鄉親，請他們在村莊建設時把老屋拆除。

我想，無論如何，不要讓我父母親的結婚鼓樂、我媽媽的油燈書信、我祖母的衰年固守，包括篤公和情人的夜夜吟唱，全都淹沒在那幾個「偽鬥士」的口水之中。

從老屋，又想到媽媽。

我在心中輕輕地說：媽媽，那些人不僅不讓我們在任何一座城市居住，而且還不准保留我們最早的住所！

我們又趕回上海，去看媽媽。媽媽坐在一把籐椅上，我捋著她花白的頭髮，回憶著一個個與那間老屋有關的故事。但是，老屋已經不能保留的事實，卻不能向她透露。

老人家對於越老的事，記得越清楚。我問她，從進門到灶間，一共是幾步，她快速說出。我又問她，後門小巷間的雨水缸，直徑多大，她立即張開雙臂比劃了出來。我還問她，我出生的那張床，床框上刻著哪幾句古詩，她也毫不頓挫地流暢背出。但是，這一切都將變為廢墟。

與齊華通了一次電話，他說余鴻文先生已在四個月前去世，他也剛剛從余鴻文先生的女婿那裡聽說。我問，老人安葬在哪裡，他說骨灰盒暫時安放在一個殯儀館的安靈堂。正巧，與我父親是同一個殯儀館。

那天下午，馬蘭在家裡陪媽媽，我一個人去了殯儀館的安靈堂。馬蘭太敏感，那樣的地方不適合去。

在安靈堂，我祭拜了爸爸和余鴻文先生的靈位。他們的位置，離得不遠。我特別向余鴻文先生的靈位深深鞠了一躬，他是祖父輩的長者，作為我爸爸、媽媽的婚姻大媒，他又是我生命起點的攢合者。

我的事情做完了，順著安靈堂的甬道離開。突然我看到了一個熟悉的笑容，那是一個骨灰盒上一幀發黃的照片。一看名字，原來是我的忘年之交徐扶明教授。他還是用那種憂鬱而幽默的眼神看著我，我立即退後一步，向他深深地鞠了一躬。

這引起了我的注意，覺得這裡可能還有其他文化界人士，便放慢腳步，左右打量。這一打量不要緊，就在徐扶明教授的對面，我看到了曾遠風的名字。走過去看生卒日期，他是八個月前去世的。

我又回頭看看徐扶明先生的骨灰盒，只隔了一條甬道。立即想起徐扶明教授那次給我講的話：「老弟，人生如戲，角色早就定了。有人永遠是打手，有人永遠挨打。」

我想與殯儀館的工作人員商量，能不能把這兩人的位置移開一點，不要靠得那麼近。但一想這必須通過雙方家屬，非常麻煩。而且，說不出理由。

走出安靈堂大門時我又停步了。我的眼角彷彿掃到，就在最靠大門的地方，有一個骨灰盒上的名字有點奇怪。也姓余，這是首先吸引我的地方；再看，叫余頤賢，原來是他。家鄉的盜墓者，後來又做過不少好事。真是他嗎？他什麼時候到了上海？會不會是同名同姓？從骨灰盒上的生卒年份看，他是在九年前去世的。

我希望真是他。從故鄉山間的月色下一路走到這裡，很不容易。

08 我等不到了

寫到這裡，我想到了布萊希特（Bertolt Brecht）。他曾經說，過程性的情節越豐富，越會讓人產生習慣性遲鈍。因此，需要阻斷，需要間離，讓講者和聽者都陡然停步，獲得思考。他認為，這才是「積極的敘述」。

我一直在等待這種停步的機會，此刻出現了。在安靈堂門口，我又回首望了一眼。除我爸爸之外，余鴻文先生、徐扶明先生、余頤賢先生，包括那位我一時還不願意稱「先生」的曾遠風，都一起在這裡停步。那麼，我也找到了坐下來的理由。

安靈堂不遠處有兩把石椅，朝著一個小小的松柏林。邊上，又有一個淺淺的水池，水面上浮著大片枯葉。我便在一把石椅上坐下，微閉著眼睛。一開始思緒很雜，跳蕩滑動，慢慢舒了幾口氣，安靜下來。我的眼前，出現了這些老人，我對他們輕聲說話。他們沒有表情，但似乎又有表情。

我第一個想恭恭敬敬地上前交談的，是離世不久的余鴻文先生。

余鴻文先生，我應該叫您一聲爺爺。我出生時，祖父早已去世，因此從小沒叫過誰爺爺。從前見到您時也曾經想叫，又覺得不好意思。現在可以叫一聲了，但是我僅僅這麼一想，還沒有叫出口呢，就覺得自己已經蹲到了您的膝下。抬頭看您，白鬚寬襖，太陽在您背上。

在您背後，彷彿還遠遠近近地站著我的祖父、祖母、外公、外婆，你們是一代人。他們走得比您早，因此看過去有點影影綽綽。

我不知道，我的長輩，當你們聽說自己的一個孫兒成了「中國歷來受誹謗最多的獨立知識分子」時，會是什麼感覺。是擔憂、心疼、憤怒，還是自豪？這個稱號，是幾個學者經過認真調查才得出的。我當時一聽也懷疑，後來仔細一想，如果不是只算一時一地，而是算二十年的連續不斷，算每一次的全國規模，確實沒有人能超過。

我估計，你們之中，獨獨對這件事感到自豪的一定是祖母，我已經看到她炯炯的目光。其他長輩，多少都有點困惑：怎麼會是這樣？

對此，我願意接受你們的盤問。

代表長輩盤問我的，應該是離世最晚的您，余鴻文先生。

我似乎已經聽到您的聲音。您說：「討論誹謗，不必看內容，因為那必定是假的。討論誹謗，只看它為什麼發生。」

我點頭。

於是您開始問了：「你和誹謗者之間，有沒有權位之爭？」

我回答道：「自從二十年前辭職後，我沒有任何官職，也不是什麼代表、委員，又早就退出一切官方協會，因此沒有絲毫權位可言，他們能爭什麼？」

您又問：「你與他們，有沒有利益之爭？」

我回答道：「我幾百萬言的研究著作，十幾萬公里的考察計畫，從開始到完成，從未申請過一分錢的政府資助。他們能爭什麼？」

您又問：「你與他們，有沒有學術之爭？」

我回答：「我的研究課題從來不與別人相撞，我的考察路線從來不與別人交錯，我的表述方式從來不與別人近似。他們能爭什麼？」

您繼續問：「你與他們，有沒有意氣之爭？」

我回答：「你們看見了，那麼多人連續傷害我十幾年，有幾個人已經把傷害我當作一項穩定的謀生職業，我卻從來沒有回擊一句，也從來沒有點過其中任何一個人的名。」

我看到，祖母在您身後擦淚。

您停止提問，靜靜地看著我。

過了一會兒，我又聽到了您的聲音：「你的每一項回答，大家都可以見證。看來你是一個最不應該受到誹謗的人，卻受到了最多的誹謗。造成這種顛倒一定有一個特殊原因，例如，剛才我想，是不是你太招人嫉妒？」

我回答道：「嫉妒太普通，不是特殊原因。中國文化界可以被嫉妒的人很多，但他們都沒有招來那麼長時間的誹謗。」

您說：「聽口氣，你自己好像已經有答案了。」

我說：「我自己也曾經百思不解，後來，一番回憶使我找到了鑰匙。」

「什麼回憶？」您問。

我說：「回憶起了我還沒有辭職的二十多年前。那時候，我招人嫉妒的理由比後來多得多。我不僅是當時中國最年輕的文科教授、最年輕的高校校長、最年輕的廳級官員，而且還執掌上海市那麼多人的職稱評選。我當時的行事風格，更是雷厲風行、敢做敢為。但是，整整六年，我不僅沒有受到絲毫誹謗，而且也沒有聽到過一句非議。連後來誹謗我最起勁的那幾個人，當時也全部對我甜言蜜語、讚頌不止。」

「我已經猜到了你的答案了，」您說，「你遭到長期誹謗的最重要原因，是比較徹底地離開了一種體制。」

我說：「體制是一種力學結構，就像一個城堡。身在其中，即使互相嫉妒，卻也互相牽制，獲得平衡和安全。不知哪一天，有一個人悄悄地打開城門出去了，城門在他身後關閉，而他騎在馬背上的種種行為又經常出現在城裡人的視線之內。他的自由，他的獨立，他的醒目，無意之中都變成了對城內生態的嘲謔。結果可想而知，他必然成為射箭的目標。由於城門已關，射箭者沒有後顧之憂。」

「這樣的城堡，可能不止一個吧？」您問。

「當然。」我說，「城堡的本性是對峙，如果只是一個，就失去了存在的意義。現在，有的城堡因為有國力支撐而十分堂皇，有的城堡則因為有國外背景而相當熱鬧。我呢，只能吟誦魯迅的詩了：兩間餘一卒，荷戟獨徬徨。但是我比魯迅更徹底，連戟也沒有。」

您點了點頭，似乎不想再問，卻還是輕聲問了出來：「堡外生活既孤獨又艱險，你能不能，從哪個邊門重返一個安全的城堡？」

我說：「我知道您說的是哪一個城堡。官方體制對文化創造，有利有弊，弊多利少。古今中外都產生過不少排場很大的官方文化，這當然也不錯，但是一切真正具有長久生命力的文化大多不在其內。這是因為，行政思維和文化思維雖有部分重疊但本性不同。前者以統一而宏大的典儀抵達有序歡愉，後者以個性而詩化的秘徑抵達終極關懷。現在，前者太強勢了，連很多自鳴清高的學者都在暗暗爭奪行政級別，這更使很多行政官員對文化產生一種居高臨下的傲慢和無知。長此以往，前者極有可能吞沒後者。您看現在，財源滾滾而文事寂寥，精神枯窘而處處嬉鬧，便是徵兆。因此，我要不斷地站在外面提醒，不能這樣，不能這樣。」

您又問：「那麼另一個城堡呢？」

我說：「對那個城堡我曾抱有希望，希望它能批判專權弊端，推進政治改革，但現在已經失望。隨著那些『偽鬥士』的加盟，它攙入了太多的『偽』：偽命題、偽揭秘、偽預測、偽民意……我曾多次試著與這個城堡裡的人對話，發覺他們大多自命為中國的救贖者，用的卻是三十年前的冷戰思維。以勁爆的腔調散佈著各種謠言，試圖把一切文化課題全都納入政治對抗，初聽起來還有一點刺激，再聽下去就無聊了。」

您說：「看來，你只能左右不是人了。但是，我要以長輩的身份告訴你：不怕。大智不群，大善無幫，何懼孤步，何懼謰謗。」

我說：「對，不怕。災難是我的宿命，有一系列隆重的安排，其中一項就是承受誹謗。」

與余鴻文先生的對話有點累。他的那麼多盤問，我知道，正是代表眾多長輩對我的審訊。對我來說，能與長輩說那麼多話，累得痛快。接下來就不會這麼嚴肅了，我急著想說話的，是徐扶明先生。徐扶明先生歷來寡言，現在仍然微笑著等我開口，他很可能像往常一樣，只聽不說。

徐先生，我的朋友，剛才我在安靈堂，一心只想把您從曾遠風附近移開。您告訴過我，人生如戲，角色早定，他永遠打人，您永遠挨打。在這裡你們靠得那麼近，又是面對面，我不放心。但後來一想，不移也罷。他從前打人，靠的是誣陷、告發，現在到了你們這裡，他畢生功夫全廢，那您還怕他什麼呢？

從此，您可以近距離地盯著他看。我早就發現，凡是害人的人，目光總是遊移的，您盯著他看，他很快就會躲閃。您不管，仍然專注地盯著他。他會用眼睛的餘光來窺探您，您還是不放過。世上再陰險毒辣的人，也受不住這種盯住不放的目光，只能快步逃離。但是，在這安靈堂的小格子、小盒子中，他能往哪裡逃？因此在我看來，這就是「末日審判」。審判的法官，就是一生的被害者，審判的語言，就是盯住不放的目光。

您的目光，過去的主題是惆悵。我曾經責怪您為什麼不增添一點憤怒，現在我不責怪了，只勸您增添一點嘲諷。像曾遠風這樣一直氣焰萬丈的人最後也不得不讓您來日夜看管，看管著他無聲無息、無親無友的終點，給一點嘲諷正合適。更需要嘲諷的卻是人世間，居然慫恿了他那麼久，給他喝彩，給他版面，給他伸展拳腳的平台，幾十年間沒有對他有過一絲一毫的勸阻和批評，使他無法收手，難於後退。直到他一頭扎在這裡，人們才棄之如敝帚，轉身去物色新的替代者，讓他們來製造新的不幸。這，還不值得嘲諷麼？

徐扶明先生，在中國戲曲聲腔史的研究上，您是我的老師，但在社會人生奧秘上，我要不客氣地說，小弟我可以做您的老師。今天我要問您一句：為什麼曾遠風永遠打人，而您永遠挨打？

我看到您在搖頭，直愣愣地等待著我的答案。

我的答案很簡單：他打人，是為了不挨打；您挨打，是因為不打人。

打人，也叫整人、毀人，細說起來也就是從政治上、道德上、名譽上攻擊他人，這種事情全世界都有，但在中國卻變成了一個魔幻事業。

您會問：怎麼會是「魔幻事業」呢？

我要告訴您：這，與中華民族的集體心理有關。很多民眾只要從攻擊者嘴裡聽到別人可能有什麼問題，就會非常興奮地相信，還會立即把攻擊者看成是政治上的鬥士、道德上的楷模，大家都激情追隨，投入聲討。於是，在極短的時間內，事態已經變成了那個被攻擊者與廣大民眾的對決，攻擊者不再擔負任何責任。有些官方媒體又會火上加油，把每一場圍攻看成是「民意」，把被攻擊者看成是「有爭議的人物」，使攻擊很快就具有了正義性。

因此，攻擊者一旦出手，就有金袍披身，從者如雲。這幾十年我們都看到了，那麼多中國人一撥又一撥地輪著受難，只有一批人奇蹟般地立於不敗之地，那就是他們。

您在「文革」中受到曾遠風的攻擊而入獄多年，其實也有一個最簡便的辦法可以脫身，那就是攻擊別人，包括攻擊他。而且，這種攻擊永遠也不會受到任何懲罰。即使到了應該受到懲罰的時代，也可以隨時尋找到新的攻擊對象。新的攻擊一旦開始，那個魔幻程式再度重複，攻擊者又一次金袍披身，從者如雲。

因此，您的受難，並不是因為他，而是因為您自己，您不會攻擊他人。

我也和您一樣，從來沒有做過「以攻為守」的事情。對此，我的克制比您更加不易。您老兄身上可能壓根兒不存在向別人進攻的能力，我卻不是。您知道，我是歷屆「世界大學生辯論賽」的總評審，在語言上的攻伐之道，那些人根本不是我的對手。

但是，對於放棄攻擊，我們兩個都不會後悔。

不妨反過來設想一下。如果您跟著我，痛痛快快地把他們罵倒了，世上多了兩個機智的攻擊者而少了兩個純粹的文化人，我們的學生和讀者又對我們的辛辣手段津津樂道、競相模仿，我們會滿意嗎？我想，我們反而會後悔。

其實我們並不需要勝利。只希望有一天，新的「曾遠風」又要當街追打新的「徐扶明」時，中國的民眾和傳媒不再像過去和現在這樣，一起助威吶喊。

僅此而已。

但是，僅僅做到這一點，也還需要長時間的啟蒙。

也許會有這一天，但對我來說，華髮已生，暮霧已沉，好像等不到了。

您顯然不滿意我把自己說老，橫了我一眼，卻沒有作聲。

與徐扶明先生說完話，當然就躲不過近在咫尺的曾遠風了。其實我也不想躲，很想與他交談一番。但估計，他也只會聽，不會說。

從哪兒開口呢？與他這樣的人談話，我一時還拿不定方向。

曾遠風，在年齡上你是我的前輩。你告發徐扶明先生「攻擊樣板戲」的時候，我才十九歲；徐扶明先生終於平反，而你又轉身成為「文革」的批判者時，我已經三十三歲；你向我告發《邊疆新苗》的作者時，我四十一歲；你向全國媒體告發我為一個流亡人士的後輩寫序言時，我四十三歲；你參與那幾個「偽鬥士」對我的圍攻時，我五十六歲；你突然以「持不同政見者」的身份向外國人告發中國的很多人和很多事時，我五十九歲。

在這個漫長的過程中，你一定還實施了很多很多我不知道的告發，請原諒我掛一漏萬了。但是有一點可以肯定，你以不尋常的方式陪伴了我大半輩子。親人的陪伴增加了我的脆弱，你的陪伴增加了我的堅強。因此，你對我相當重要。

你早年讀過中文系，後來的身份，是「編劇」、「編輯」、「雜文作家」。我翻到過你寫的兩個劇本，都沒有讀完。聽說你還在一家大型企業的廠報上發表過短篇小說和散文，我沒有看到。你讓我想到十幾年來一直在誹謗我的那幾個「偽鬥士」，他們與你一樣，清一色出自於中文系，都曾經染指文學創作，卻又文思枯窘而改寫批判文章和告發信。再聯想開去，近年來不斷在報刊上罵罵咧咧地製造各種事端的人，基本上都是這個背景。說遠一點，你曾經效忠過的「四人幫」裡邊，也有三個人是文藝出身。如此一想我就霍然貫通，原來你們把文藝創作中的虛構、想像、誇張、煽情全都用到了真實社會的人事上了。你們把偽造當作了情節，把狂想當作了浪漫，把謾罵當作了朗誦，把圍攻當作了排演。只可憐了廣大無知的觀眾，居然弄假成真。

我剛剛在與徐扶明先生談話的時候，曾說到很多民眾特別容易追隨像你這樣不斷地從政治、道德、名譽上攻擊他人的人，使你們經常「金袍披身，從者如雲」。現在我要加一句，這些民眾最值得同情之處，不是追隨你們，而是不知道你們全在扮演。

近幾年，你們這幫人都齊刷刷地扮演起了「持不同政見者」，領著遠方支付的「演出費」，開始改說「民主」、「人權」、「自由」之類的台詞。這，實在太搞笑了。這些美好的社會課題，不正是我們一直在奮鬥的目標嗎，怎麼一轉眼被你們搶了過去？你們又在「盜版」了。盜版畢竟不是正版，同樣這幾個概念，從你們嘴裡說出來全都變了味道，成了反諷。

例如，先說「民主」吧。你們十多年來不停息地攻擊我，所有的藉口都已被一一戳破，只剩下了一個最原始的理由：嫉妒我的書長期暢銷。其實，廣大讀者任意選購自己喜愛的書，正體現了一種「閱讀民主」。你們的惡言惡語，全是為了轟逐這種來之不易的民主。

再說「人權」。這麼多年，你們傷害了我的名譽權和寫作權，傷害了我妻子的工作權，傷害了我父親的生存權，傷害了我的研究者楊長勳的生存權，所有這些人，都沒有一官半職。難道，這都不是「人權」？

再說「自由」。你們用誣陷的手段剝奪了那麼多無辜者的創造自由、學術自由、聲辯自由、居住自由，但是憑著媒體的支持、民眾的起哄、法律的放任、官方的漠然，從來不必支付任何代價，不必作任何道歉和更正。我想問，古今中外幾千年，還有什麼人比你們更「自由」？還有什麼人比你們更需要還給他人以「自由」？

你聽得出來，這是反問，不求回答。真正的問題也有一個，存在心底很久了，還是說出來吧：那麼多年，你們這批人難道從來都沒有擔心過法律的追訴？你們難道就能斷定，中國的法律一直會像過去和現在這樣偏袒你們？你們難道就不害怕，在一個法制更加健全的社會裡，你們將會失去權勢傳媒的庇護，有可能無數次地成為被告，甚至長久地棲身於鐵窗之內？

對於這個問題，你也不必回答。既然你老人家已經來到這裡，不說法律也罷。我只希望你還是認真地看一看你的對面，那兒有一位與你同齡的老人，因為被你誣告而入獄多年。平反之後，他燒掉了你的罪證，沒有說過你一句重話，而你卻沒有投過去一個抱歉的眼神。剛才我還在想，把你們兩人安排得那麼近，一定是上天的粗心大意；此刻倒是覺得，可能是別有深意。

如果有一個人，我從來沒有見過卻特別想與他說話，這個人就是余頤賢先生。直到此刻我仍然不知道他究竟是一個什麼人，心目中只是一團迷霧、一堆疑問。隱約間似乎有一股妖氣，但也可能是仙氣，似遠似近。越是這樣就越是好奇，我要騰空心境，去面對這位姓余的老人。我不知道他以前習慣講什麼方言，餘姚的，慈溪的，紹興的，寧波的，還是杭州的？想來想去，今天我還是與他講童年時的鄉下話吧，那種語調，立即就能帶出故鄉的山水。那裡，在我出生之前，就已經是余頤賢先生長期出沒的地方。

余頤賢先生，我沒有見過您，不知道您是什麼樣子的。在想像中，您是一個黑衣人。頭上還戴著一頂黑氈帽，帽檐壓得低低的，別人很難看到你的眼睛，您卻能看到別人。

您的名字，在家鄉各村所有余姓同胞中顯得特別斯文，一定有一點文化背景，還在哪裡上過學，但是鄉親們誰也說不清。您的名聲不好，我從小就知道您是盜墓人，鄉親們叫「掘墳光棍」。他們又把你的名字叫成「夜仙」，那是根據諧音讀錯了。他們都不識字，還以為您是照著職業起的名。但這麼一叫，他們就把吳石嶺、大廟嶺的夜晚，一半交給了虎狼，一半交給了您。

不好的名聲也有好處，那就是讓您獲得了安靜。盜墓，只要不去觸碰各個時期當紅大人物家的祖墳，就很難成為一個政治話題。因此，你在國共內戰和後來的一次次政治運動中都安然無恙。人們有興趣把一個名聲很好的人一點點搞髒，名聲越大越有興趣，卻沒有興趣去對付一個名聲不好的人。這就像，一塊白布太乾淨、太晃眼了，大家總要爭著投汙，即使後來風雨把它沖洗乾淨了，大家也要接著投；而您從頭就是一塊黑布，不會有人來關注您。

您在黑乎乎的夜晚好像也動過我曾外祖父的墓，這使我家前輩對您的印象就更壞了。印象的改變，是您在另一個黑乎乎的夜晚給媽媽辦的識字班送了課本。這事看起來不大，但對好幾個鄉村卻是雪中送炭。那幾個鄉村當時正要從長久蒙昧中站立起來，您伸手扶了一把。

我對您開始產生尊重，是您在「文革」中幫助了河姆渡遺址的發掘。您還算不上考古專家，但您在發掘之前所參與的奔走、呼籲也很要緊，尤其是在那個不重視傳統文化的年月。

有了這件事，我開始相信鄉間有關您的一些正面傳聞。例如，我小時候曾聽鄰居大嬸說，那個篤公終於在我們村找到已經瘋了的女友，是您引的路。而且，您還把自己的一間房子讓給他住。這是真的嗎?更重要的是，我聽李龍說，有一次吳石嶺山洪暴發，一個預先挖通的渠口把水引走了，救了山下好幾戶人家。一個柴夫告訴李龍，這個渠口是您花了半個月時間一撬撬挖通的。這就是說，您在無聲無息的遊蕩間，也做了無聲無息的大好事，可能還不止一件。這是真的嗎？

我沒有期待您的回答，卻發現您有了動靜。您看著我，輕輕地像咳嗽一樣清了一下喉嚨，似乎要講話，但跟著而來的是低啞的笑聲。笑聲很短，轉瞬即逝，這讓我很興奮，因為我有可能與您交談了，就像我與余鴻文先生。

我多麼想引出您的話來，但您對我來說太陌生，很難找到具體話由，因此只能說得抽象一點。我說：小時候只覺得人生有趣，長大了只覺得人生艱難，到現在只覺得人生怪異。如果在以前，我一定會問，您是誰。現在，我不會問了。

我等著您開口，沒等到。但看得出，您對這個話題很投入。

我只好再說下去：問一個人是誰，是想尋找這個人與他人的分界。天下確實有很多分界，但萬物並不為分界而生。很多人為了劃定分界、淨化分界，進行了千百年的爭鬥。結果，氏族之界，漢賊之界，華夷之界、階級之界，陣營之界，制度之界，分得水深火熱。不知道余頤賢先生您是不是聽說過德國有一位大詩人叫歌德，他曾經說過一句話讓我感動了很久。他說：「人類憑著聰明設定了很多分界，最後又必定憑著愛，把它們全部推倒。」

您好像要說話了，但還是沒有。

我又說：「比歌德更高明的是中國的老子和莊子，他們壓根兒不承認那些分界，因此也想不到去把它們推倒。在他們看來，天下萬物不僅交纏，而且渦漩，轉眼都走向了對面。因此，連給它們定位、命名都是徒勞。很多人和很多事，可能在對面和反面更容易找到。」

說到這裡我停了下來，再一次等您。很奇怪，您的目光已經不再看我，而是看著遠處，看著天。

我有點生氣，決定換一種語言方式。像少數民族對歌，像古代詩人對聯，先拋出上一句，來鉤出對方的下一句。

我根據您的行跡，說了一句：「最美麗的月色，總是出自荒蕪的山谷。」

終於聽到了您的聲音，您說：「最厚重的文物，總是出自無字的曠野。」

我太高興了，接著說：「最可笑的假話，總是振振有詞。」

您接得很快，馬上說：「最可恥的誣陷，總是彬彬有禮。」

我說：「最不潔的目光，總在監察道德。」

您說：「最不通的文人，總在咬文嚼字。」

我說：「最勇猛的將士，總是柔聲細語。」

您說：「最無聊的書籍，總是艱澀難讀。」

我說：「最興奮的相晤，總是昔日敵手。」
您說：「最憤恨的切割，總是早年好友。」
我說：「最動聽的講述，總是出自小人之口。」
您說：「最純粹的孤獨，總是屬於大師之門。」
我說：「最低俗的交情被日夜的酒水浸泡著，越泡越大。」
您說：「最典雅的友誼被矜持的水筆描畫著，越描越淡。」

我不能不對您刮目相看，余頤賢先生。您顯然是嫺熟古今文字的，但此間的機敏卻不是出自技術。好像有一種冥冥中的智慧，通過您，在與我對話。那麼，就讓我們把話題拓寬一點吧。

我說：「渾身瘢疤的人，老是企圖脫下別人的衣衫。」
您說：「已經枯萎的樹，立即就能成為打人的棍棒。」
我說：「沒有筋骨的藤，最想遮沒自己依賴的高牆。」
您說：「突然暴發的水，最想背叛自己憑藉的河床。」
我說：「何懼交手，唯懼對恃之人突然倒地。」
您說：「不怕圍獵，只怕舉弓之手竟是狼爪。」
我說：「何懼天坍，唯懼最後一刻還在尋恨。」
您說：「不怕地裂，只怕臨終呼喊仍是謠言。」

我說：「太多的荒誕終於使天地失語。」
您說：「無數的不測早已讓山河冷顏。」
我說：「失語的天地尚須留一字曰善。」
您說：「冷顏的山河仍藏得一符曰愛。」
我說：「地球有難余家後人不知大災何時降臨。」
您說：「浮生已過余姓老夫未悟大道是否存在。」
我說：「萬般皆空無喜無悲唯餘秋山雨霧依稀。」
您說：「千載如梭無生無滅只剩月夜鳥聲淒迷。」

像夢遊一般，我們的對話完成了。此間似有巫乩作法，使我們兩人靈魂出竅，在另一個維度相遇，妙語聯珠，盡得天籟。這不是我們的話，卻又是我們的。

我最後要說的是：您真是「夜仙」。與您對話，我有點害怕。既然您那麼厲害，請一定在那個世界查一查我們余家的來歷。古羌人？唐兀人？西夏人？蒙古人？漢人？

這半天的對話使我亢奮和疲倦。天色已經昏暗，松柏林中泛出一種陰森之氣。我從石椅上站立起來，準備回家。忽然覺得，眼前的景物都有點恍惚。我已經不能細看、不能細聽，只知道媽媽和妻子正準備好晚飯，在家裡等著我。

09 這樣結束

大災難真的來了。

我們的故事，也就出現了自然的高潮。

二〇〇八年五月十二日，汶川發生大地震，強度里氏八級，死亡近七萬人。還記得三十二年前的唐山大地震強度是七點八級，死亡二十四萬人。

我們余家遠祖留下的古羌寨，這次也遭到嚴重破壞。

我和妻子，天天坐在電視機前，流下了這輩子最多的眼淚。

那天，妻子對我說：「你已經幾個通宵沒合眼了，身體會垮。」

我說：「我在上課，一門最高深的課。我從奉化半山的藏書樓開始，特別是在辭職之後，研究中國人的文化身份那麼多年，看到的醜陋太多，這幾天百脈俱開。這麼大的國家，十幾億人從每一個角落都在呼喊生命，而且立即行動，這在歷史上沒有過，在世界上沒有過。中國人的心底有一個地窖，平日連自己也不知道，這次一下子震開了，發現至善、兼愛、仁義都還在。我以前的研究，淺了。」

那些天我不見任何人，像泥塑木雕一樣靜坐著，想著中國的過去和未來。正好有兩位早就約好的美國學者來訪，推不掉，就與他們談起了這次地震。他們問：「中國的這次五一二，是不是很像我們美國的九一一，因為災難而加強了凝聚力？」

「不。」我說，「你們的九一一有敵人、有仇恨，因此你們後來發動了兩場戰爭。這次我們中國沒有敵人，沒有仇恨，只靠著愛，治療自己的傷痛。」

「我們非常佩服。」一位美國學者說：「但是上午我還在網路上看到一個中國文人的言論，說地震是上天懲罰中國人。我回了一個帖子，說這種言論不僅是反中國，而且是反人類。」

我站起身來，說：「謝謝你！」

送走美國學者後，我要妻子去找一位上網的小姐，請她幫忙，把我的一篇短文放到網上去。

我在短文中破例發了一點火，說：「聽著，天下的一切災民都不容污辱！汶川的中國人做錯什麼了，要來懲罰？如果上天真要這麼做，我會抬起頭來罵一聲：天啊，你禍害蒼生枉為天！」

「罵得好！」妻子說。這詞句她很熟悉，我是借了關漢卿的。

「罵得好！」這是電話裡傳來的支援，打電話的是齊華。

「你看，隔天一個美國女演員再說上天懲罰中國，也就被你預先罵進去了。」齊華說：「但讓人生氣的是，幾個中國文人還在網上胡鬧，包括兩個一直誹謗你的人。」

「他們在胡鬧什麼？」我問。

「他們散佈謠言，說這次地震是建造三峽大壩引起的，要求審判決定建造的高官。還說地震死亡人數只報了十分之一，被政府隱瞞了十分之九。又說全國的捐款已被政府官員大筆貪污……總之，他們一心要把這場生死搶救，變成政治鬥爭。」

「有人相信嗎？」我問。

「有。」齊華說：「我看到大學裡不少知識分子對救災行動從一開始就保持距離，本能地相信謠言。普通民眾也有相信的，聽說這兩天的捐血、捐款都受到了影響。」

放下電話我就對妻子說：「災難中的謠言和挑撥，就像一場核裂變，後果無法想像。明天我就去災區，一定要用親眼看到的事實，揭穿那些謠言。」

一到災區，處處震撼，很快發現這兒有很多事情需要文化人來做，可惜文化人來得太少。

例如，有的災民揹著自己家人的遺體長途跋涉，這非常令人感動，但從防疫的角度考慮，一定要上前勸說，請他放下。他堅決不放，周圍的民眾又激情地站在他一邊，這就需要運用文化理性，繼續苦口婆心地勸說。

又如，堰塞湖危在旦夕，幾十萬人必須撤離。但是那麼多已經受傷的災民不願遠行，那就必須一千遍、一萬遍地含淚勸說，小心攙扶。

那天，兩位救援醫生告訴我，有一些遇難學生的家長舉著孩子的照片在跪地請願，要求懲罰倒塌建築的承建者。醫生說：「他們舉著孩子的照片，就像災民揹著家人的遺體，是一種特殊的悼念方式，非常值得同情。但是毫無疑問，必須盡快對他們進行心理輔導和精神阻斷。可恨的是，網路上有些人企圖藉此鬧成政治事件，說這次地震主要不是天災，而是人禍。」

離開醫生的帳篷後我一個人在路邊想了很久。三十二年前唐山大地震發生時我正潛居在浙東山區，偶爾下山看到街上貼著的報紙，標題都是「批鄧抗震」，而且一定是把「批鄧」放在「抗震」前面。到處還在開批判會，也說不是天災，是人禍。很多農民還以為，地震是鄧小平帶著幾個「當權派」鑽到唐山的地底下引爆出來的。現在，類似的論調又來了，把政治對抗放到了生死救災前面。其實，中國政府在這次救災中的表現，一點兒也不比外國差，可以比較。

我這麼說，並不是出於政治。實際上我在辭職之後二十年已經徹底遠離政治，從未參加過任何政治活動。經常有一些政治口號人人皆知而獨我不知，鬧過很多笑話。但是，遠離政治並不是遠離真實，遠離理性。我前些天也主張立即從法律上嚴懲建築罪人，但到災區一看，廢墟連綿，就知道很難以倒塌來論罪了。而且，據好幾個外國救援專家告訴我，國際間至今還沒有以地震倒塌來論罪的先例。這話，應該如實告訴那些家長。

康德說，知識分子的責任就是敢於在一切公共領域運用理性。當晚我就寫了一篇短文，題為〈含淚勸告請願家長〉，勸那些家長聽醫生的話，接受心理治療。

我的這篇文章產生了很好的效果，有三位家長給我寫了感謝信。他們說，有一批家裡傷亡比他們更嚴重的災民，也來參與了勸說。

正如預期，那幾個「偽鬥士」在網上對我罵成一片。據齊華在電話中說，他在大學資料室裡看到，香港和美國的好幾家華人報紙，都參與了對我的聲討。聲討的內容，都是說不該勸說那些家長，一勸說，就成了「中國政府的御用文人」。他們的意思，必須讓那些家長不回帳篷，不受治療，不怕瘟疫，也不理隨時有可能決堤的堰塞湖，一直跪在那裡，完成他們所期待的政治對抗。

我在電話中對齊華說：「這些人要進行政治對抗，應該找另外的時間、另外的地點、另外的人群，怎麼忍心把那些可憐的家長攔在那裡？你看，我只是對那些家長勸說了幾句，他們就發動了一場這麼大規模的圍攻，這算什麼『言論自由』？」

齊華說：「更麻煩的是那麼多網民，只看那些人的誣陷，不看你的文章，齊聲起哄，你在一夜之間又成了包庇劣質建築商的罪人。」

這件事情到後來變得更加怪異，國內一些官方報紙也都紛紛追隨「網上民意」來圍攻我。北京一家大報在總結二〇〇八年中國文化界的十大壞事時，把我對那些災民的勸說，列為第二名。上海的一家文學報紙，也發表了類似的意見。

對此我啞然失笑，心想政府正該快一點與那麼多報紙脫鉤了。如果這些報紙仍然被尊為「政府喉舌」，那不就等於政府自己在宣佈，五一二地震不是天災而是人禍？

我沒有心思去理會這些聲討，只在做一件事。

在都江堰災區的廢墟上，我曾見到一些粘滿泥污的蜷曲書籍。輕輕地捧起它們，我想，它們的閱讀者已經走了，但閱讀還要繼續。正在這時，六、七個路過的中學生認出了我，他們的課本裡有我寫的〈都江堰〉。

一個學生拉著我的手問：「余老師，您在〈都江堰〉那篇文章中特地寫了『地震前兆』四個字，是不是有預感？」

我說：「不。我怎麼可能有這種預感？那只是形容水聲。」說著，我把他們拉到一起，問了每一個人家裡受災的情況，然後對他們說：「除了那水聲，這裡還會有三種聲音：現在的搶救聲、今後的重建聲，最後，是你們的讀書聲。」

他們非常懂事地點頭。看著他們的小臉，我即刻在心裡做了決定：必須在這裡捐建幾個學生圖書館，每一本書都由我自己挑選。

先向一個企業家諮詢，如果要建一個圖書館，不少於一萬冊書，再配備現代的電子網路設備，要花多少錢。這位企業家說，要算一算。過兩天他卻告訴我，他身邊的同行都願意參與，要多少資金都可以立即匯到。我當即拒絕了，並說了拒絕的理由。我是由一個最小的圖書館開始邁步的人，這次要啟動一個純個人的循環圈：借書——讀書——教書——寫書——捐書……可以相信，從我現在要捐建的圖書館出發，還可能會有學生重啟這個循環圈，然後再一圈圈、一代代循環下去。

回上海與妻子商量，我們現在可以在剩餘的稿酬中捐出五十萬元人民幣，用最精打細算的方式購買圖書和設備，大概可以建三個學生圖書館。我悄悄安排了一個工作小組，把那筆錢交給了他們，關照他們低調實施。在我看來，向災區作任何捐獻，都不應該張揚。因此，我沒有參加任何一次電視捐獻儀式。

一個「記者」在報紙上「猜測」我可能要出二十萬元捐建希望小學。有人問起，我仍然沒有透露實情，只是泛泛地說了一點我和妻子在慈善活動方面的心願。

在災區捐建三個圖書館，這是一個讓人充滿期待的緊張過程。除了不斷地選書、寄書，還要選購電腦、攝像機、投影儀等設備，原來捐出的五十萬元款項已經超過。這期間，我又到災區去看了那三所學校，在操場上對每所學校的學生們做了演講。

與此同時，我還為災區佘家遠祖古羌寨的重建者寫了兩個大字：羌魂。

離開災區後我去了香港。前些年香港浸會大學聘請我擔任「健全人格教育工程」的「奠基教授」，每年需要有五個月時間向校內和社會各界開設公開課程。幾乎每次演講，我都要提到中國人在五一二地震中展現的大愛精神，並認為只有發揚這種大愛，而不是挑撥仇恨，才是中華文明重建之本。我還在香港的報紙上連續發表多篇文章，批駁在那裡甚囂塵上的所謂「不是天災，而是人禍」、「哀鴻遍野，民不聊生」的論調。因為，我在災區看到的景象完全不是這樣。我知道，這些演講和文章必然會引起那些人的報復，但是，事關中國人的榮辱，我不能沉默。

有一次晚間演講結束，在九龍塘校區的路燈下，一位香港中文大學的博士把我拉到一邊，低聲告訴我：「這兒有一個『五一二醜聞』的行動計畫，你已經被認定為首先要排除的障礙，有一個圈套就要實行，你要小心。」說到圈套，他特地用了一個英文詞trap。

我看著路燈下的這個博士，從口音判斷他是大陸出身。我不知道該不該相信他，卻決定與他對話幾句。

我說：「攻擊我，是小事；把醜聞加給五一二，是大事。」

他問「你的意思是——？」

我說：「在中國古代，一個家庭的恥辱分三個等級。最低一等，明明做了好事，仇家搖頭不相信；中間一等，明明做了好事，鄰居搖頭不相信；最高一等，明明做了好事，自家子弟搖頭要大家不相信。」

他說：「我明白你的意思了。他們的行動計畫，屬於最高一等恥辱。」

我說：「中國人做了好事，外國人總是不相信。這次抗震救災，全世界總算相信了，卻冒出這麼幾個自家子弟！」

這位博士點了點頭，說：「世界上地震那麼多，每個國家在救災中都會遇到很多問題，卻從來沒有看到哪個國家的文人專門去編織這種醜聞的。災難中的民族難免有錯，但又最需要終極尊嚴……」

沒等他說完，我已經握住了他的手，說：「抗日戰爭時期中國的毛病很多，但再多也不能成為漢奸污辱自己同胞的藉口。當時有一個漢奸文人寫了一本《支那之詐》，真是無恥。」

這個晚上我想得最多的，是余頤賢先生那句話：「不怕圍獵，只怕舉弓之手竟是狼爪。」

我和馬蘭都不上網，我又在香港，因此一直不知道那個「圈套」已經在北京啟動。還是北京那個蕭編輯。他在網上寫出大篇文章，說我「出資二十萬元捐建希望小學」是假的，他們在帳目上沒有查到。這一下我才知道，不久前那個「記者」關於我要捐建希望小學的報導，也是人家的故意安排。

網路上立即對我展開了排山倒海的聲討，延續了一個多月。香港路燈下那位博士的預警完全應驗，而且正如楊長勳早就說過的，一個無邊界的「網路野戰兵團」已經建立，能在頃刻間炮製出幾十萬條跟帖。

面對這麼奇怪的網路風潮，都江堰市教育局副局長蕭融特地通報新聞界：「余秋雨先生捐的不是希望小學，是三個圖書館。幾個月前就有大批書籍運到，現在還在一批批托運。希望大家耐心一點，到八月底歡迎參觀。」

網上又是一片大吵大鬧：為什麼不捐錢，卻捐書？大概是哪裡賣不掉的書吧？錢呢？二十萬元錢呢？……

一聽就知道是盜版者的口氣。一群既不會到災區參加救援、又不會捐出一元錢的人，突然成了審判者，而且裝扮得大義凜然。中國社會上的事情，總是這樣不可思議。

這時，一位近年來很出名的文人站出來，用兩個字概括了我的行為：詐捐。

於是，全國各地的報刊上一片「詐捐」聲，都配著我的照片。這些報刊掛在所有城市的大街小巷，掛在各個機場、車站、碼頭。

網上有人統計，不相信災區教育局的說明、只相信我是「詐捐」的網民比例，為百分之八十二。果然，那麼多人都中了那個「圈套」。

二〇〇九年六月底，我從香港回上海休假。剛到的那天晚上，我外出見兩個朋友，一群記者堵在了我的家門口。

馬蘭一人在家，她知道，門外無數鏡頭都要搶拍「詐捐」夫婦的狼狽相，明天就會出現在全國各地的報紙上。馬蘭在門內告訴他們，我不在，外出了。他們不肯信，一直堵在門口，堅決不走。也許他們信了，在等待我回家，以便把我突然看到他們時的慌張神情拍攝下來，到處刊登。

我沒有手機，馬蘭只好給正在與我見面的兩個朋友打電話，叮囑我千萬不要回家。兩個朋友陪了我一會兒，又各自有事走了，我只得像一個逃犯一樣在外面蹓躂。夜已經很深，我知道記者沒走，鏡頭沒走，我妻子一人，苦苦支撐著。

直到下半夜，妻子在門內對記者們說了一段話。

妻子說——

夜已經深了，我關照了丈夫，不要回家。我是為了保護他，卻不知道他現在躲在哪裡。他的年紀，已經不輕。我建議你們走到走廊那頭的窗口，看看頭頂的天。天上，汶川的七萬個亡靈，還在看著我們。誰在捐獻，誰在詐捐，誰在誹謗，誰在誣陷，他們都看得一清二楚。對著那麼多亡靈說假話、做壞事的人，天地不容。我不明白，中國遭受那麼大的災難，為什麼還要給救災的人製造那麼大的災難？你們到底在聽誰的調度？

妻子說完這段話後不久，記者們陸續走了。當然，也可能是他們實在睏了。又過了一段時間，我才躡手躡腳回家。這時天已經濛濛亮，妻子將我一把拉進門內，怔怔地看著我，很長時間沒有說話。

不久，三個圖書館準時開張。我沒有參加開幕式，怕那些人又來鬧出新的事端。讓我高興的是，世上還有一些高貴的眼睛默默地注視著一切。王蒙、余光中、白先勇、張賢亮、劉詩昆、馮驥才、賈平凹等文化巨匠聞訊後紛紛為三個圖書館親筆題詞。三個圖書館不大，但是學生們在看書的間隙如果抬起頭來，就能直接面對那麼多重要的筆觸。這種福分，在其他再大的圖書館中也很難得到。

圖書館開張的事情，少數報紙有簡單報導，沒有產生什麼影響。廣大網民記住的還是那兩個字：詐捐。

香港的兩家報紙和內地南方的那家週報看到三個圖書館的事實很難被抹去，便重啟它們十幾年前構陷的「石一歌」謊言，轉移人們視線。

果然圖書館開張一個月後，二〇〇九年十月，網上有人評選「中國最差作家」，我因「詐捐」而名列前茅。我看到臺灣中天電視台報導這一消息時播出了我的照片，下面跟著四個大字：「詐捐作家」。

對此我並不生氣，卻擔心「詐捐」的惡名繼續擴展。因為那些人的誣陷目標遠不僅僅是我，而是整個五一二，所有的中國人。

如果能讓「詐捐」的惡名結束在我身上，那就好了。

想起了七百三十年前的歷史。我的祖先余玠組織的釣魚城保衛戰，堅持了整整三十六年之後終於失去了繼續支撐的力量。守將王立站出來說：「我可以打開城門，但你們決不可以屠城！」

今天我也要說類似的話：你們可以說我「詐捐」，但千萬不要繼續追查和污辱其他中國人。中國人在這次地震中的表現實在很棒，世界上其他地方又在頻頻發生地震了，你們可以去看看。

10 三件小事

最後，還有三件小事要順便交代一下。

第一件事，我終於見到了尋找多年的小何老師。原來，浙江杭州有一家小報發起了「收集老照片」的活動，宣佈誰能提供一張有意思的老照片就能贈閱該報一年。一位老太太給他們去信問：「我有余秋雨先生七歲時的照片，你們要不要？」她就是當年的小何老師。報紙刊登了童年時的我，我也就找到了老年時的她。

我趕到杭州去看望時她正患目疾，戴著墨鏡。她一見面就帶著極為抱歉的口氣說：「秋雨，我當時自己才小學畢業就教你們，實在很不合適。」

我說：「不，小何老師，您很合適！我畢生有關閱讀和寫作的全部快樂，最早是您給我的。您還記得那個最小的圖書館嗎？」

「那記不得了。」她說：「我只記得，你是全校最乾淨的孩子，每天都是雪白的衣領。」

我說：「這是我媽媽的功勞，我也記不得了。」

小何老師拿出水果要我吃，我突然想到一個問題，就說：「小何老師，我長大以後一直在心裡嘀咕，你們當時教書，薪水是多少？夠用嗎？」

小何老師說：「一開始沒有薪水，當時你的同學們都是用稻米繳學費的，我們每人每月可以分到二十斤米。但是農民小氣，繳來的都是帶有很多稗子的陳米，每天煮飯時都要挑選很長時間。繳錢的只有你家，我們用來買辦公用品了。你們畢業後，縣教育局才開始發薪水，但很低。」

「我們做學生的，不知道老師那麼艱苦。」我說。

「但是你媽媽辦農民識字班，連陳米也沒有，完全是義務。」她說。

我看著小何老師，問：「您眼病嚴重嗎？」

她說：「不太好。讀書看報都迷迷糊糊。」

「那您怎麼還拿我的照片去換報紙來讀！」我笑著責怪她：「千萬不要再讀報紙了，字小，內容又不好……」

「醫生也叫我不要看文字，多看看樹和天。但這麼一來，就變成沒有文化的人了。」小何老師說。

「還是聽醫生的，」我說：「不要看文字，我也要不看了。」

她奇怪地「啊」了一聲，隨即就笑了，以為我在逗樂。

我想告訴她，不是逗樂。但是，剛想開口又止口了。因為她，畢竟是首先教會我文字的人。在那飄著禾稻清香的田邊小屋裡，一筆一劃，一字一句。

從杭州回上海，一位華裔美籍教授來找我。我一見面就認出來了，我初中同學吳傑。寒暄一通後我靜靜地看著他出神。他祖父吳瑟亞，是我祖父的同學；他祖母吳阿姨，是我祖母的老友；他父親吳阿堅，是我媽媽的同學、爸爸的同事。這中間有一些永遠說不清的恩怨，例如他祖父的鴉片館對於我的祖父，他父親的揭發對於我的爸爸。他今天告訴我，他學的是歷史專業，在美國一所大學教中國近代史。我想，他家和我家三代，便是中國近代史的隱秘章節。

他說昨天去看了我們的老中學。那幢最氣派、最古典的教學大樓，現在以我的名字命名，叫「秋雨樓」。這讓我吃驚，感歎一群老師用這種方式默默表揚一個學生卻又怕學生驕傲，連通知也不通知一聲。

我腦海裡出現了那幢樓。花崗岩台階，大理石地面，雕花柚木樓梯，紫銅卷花窗架……一個農村來的小孩子怯生生地走進去，腳步很輕很輕。

「更讓我驚喜的是，我在校門口遇到了曹老師。」吳傑說。

「哪個曹老師？」我問。

「教生物的曹老師，曹侶仲，我們背後叫他『草履蟲』，你忘了？他因為擦痰事件和紅薯事件受委屈，『文革』中賭氣組織了『紅薯造反隊』，『文革』結束後為了造反的事接受審查，最後被開除出了教師隊伍，做一些雜務。現在退休了，天天義務給學校看門，當作消遣。我與他談了好一會兒，他還不斷提到你。」吳傑說。

「曹老師！我明天就去看他。」我說。

第二天傍晚我到了母校門口，不見曹老師。問門衛，門衛轉身，指了指一個騎著腳踏車遠去的背影，說，那就是他。

我伸長脖子，看著曹老師已經有點佝僂的背影消失在人海中。我站立的腳下，就是半世紀前他彎下腰去用手帕擦去痰跡的地方。他一生的坎坷，由此開始。幸好，他還有學生，記得那個早晨。

第三件小事就在幾天前發生。二〇一〇年一月六日，我接到一個通知：國內發行量最大的報紙之一《揚子晚報》和江蘇教育出版社一起，在全中國各省中、小學生中票選「誰是你最喜愛的當代作家」，幾個月的投票結果，我名列第一。

通知我的先生在電話中說：「票數雄辯地證明，你這麼多年來遭受的誹謗，絲毫也沒有影響下一代的選擇。孩子們為你打分，也就是未來為你打分。」

未來？下一代？孩子們？我一聽就心中發緊。

下一個時代，必定是自然災害頻發的時代。自然災害又必定引發人文災害，未來的世界將會怎麼樣，我們不敢說任何一句樂觀的話。孩子們，你們難道真會去承受那麼大的驚嚇和痛苦嗎？你們難道貯存得了那麼多的意志和善良嗎？你們給我打了分，我卻不知道該怎麼幫助你們。

新人間 ②⓪⑦

我等不到了

作　者——余秋雨
主　編——李濰美
校　對——李昧、趙曼如
設　計——張士勇工作室
總 編 輯——余宜芳
董 事 長——趙政岷
出 版 者——時報文化出版企業股份有限公司
108019台北市和平西路三段二四〇號四樓
發行專線—（〇二）二三〇六—六八四二
讀者服務專線—〇八〇〇—二三一—七〇五
讀者服務傳真—（〇二）二三〇四—六八五八
郵撥—一九三四四七二四時報文化出版公司
信箱—一〇八九九臺北華江橋郵局第九九信箱
時報悅讀網——http://www.readingtimes.com.tw
電子郵箱——history@readingtimes.com.tw
法律顧問——理律法律事務所　陳長文律師、李念祖律師
印　刷——勁達印刷股份有限公司
初版一刷——二〇一〇年七月二十七日
初版六刷——二〇二二年十月二十五日
定　價——新台幣三〇〇元
（缺頁或破損的書，請寄回更換）

時報文化出版公司成立於一九七五年，
並於一九九九年股票上櫃公開發行，於二〇〇八年脫離中時集團非屬旺中，
以「尊重智慧與創意的文化事業」爲信念。

我等不到了 / 余秋雨著. -- 初版. -- 臺北市：
時報文化，2010.08
面；　公分. --（新人間；AK0207）
ISBN 978-957-13-5248-0（平裝）

1.余秋雨 2.回憶錄 3.中國

782.887　　　99013879

Printed in Taiwan
ISBN：978-957-13-5248-0